Buhmann/Bachhuber/Schaller (Hrsg.)

ArcView

GIS-Arbeitsbuch

Alle in diesem Buch enthaltenen Angaben, Daten, Ergebnisse etc. wurden von den Autoren nach bestem Wissen erstellt und von ihnen und dem Verlag mit größtmöglicher Sorgfalt überprüft. Gleichwohl sind inhaltliche Fehler nicht vollständig auszuschließen. Daher erfolgen die Angaben etc. ohne jegliche Verpflichtung oder Garantie des Verlags oder der Autoren. Sie übernehmen deshalb keinerlei Verantwortung und Haftung für etwaige inhaltliche Unrichtigkeiten.

Die Deutsche Bibliothek – CIP-Einheitsaufnahme

ArcView : GIS-Arbeitsbuch / Buhmann ... (Hrsg.). – Heidelberg : Wichmann.
 ISBN 3-87907-281-7
NE: Buhmann, Erich

Buch. – 1996
CD-Rom. – 1996

Dieses Werk einschließlich aller seiner Teile ist urheberrechtlich geschützt. Jede Verwertung außerhalb der engen Grenzen des Urheberrechtsgesetzes ist ohne Zustimmung des Verlags unzulässig und strafbar. Das gilt insbesondere für Vervielfältigungen, Übersetzungen, Mikroverfilmungen und die Einspeicherung und Verarbeitung in elektronischen Systemen.

© 1996 Wichmann Verlag, Hüthig GmbH, Heidelberg
Druck und Verarbeitung: Greiser-Druck, Rastatt
Printed in Germany

ISBN 3-87907-281-7

Inhalt

1 Einleitung 7
1.1 Was sind geographische Informationssysteme ? 10
1.2 Einführung in die Anwenderbeispiele 16

2 Einführung in das ArcView 'Desktop GIS' 19
2.1 Views: Räumliche Daten anzeigen und abfragen 26
2.2 Tabellen: Attribute raumbezogener Daten 36
2.3 Diagramme: Daten visualisieren und abfragen 38
2.4 Layouts: Karten und Druckvorlagen erstellen 40
2.5 Hilfe verwenden 42

3 Übungsbeispiele

Thema: Umweltplanung

Lektion 1	Gewässergüte	47
Lektion 2	Biotop- und Nutzungstypen	65
Lektion 3	Umweltverträglichkeitsgutachten	77
Lektion 4	Altlastenkataster	91

Thema: Land- und Forstwirtschaft

Lektion 5	Forst 2000 - Forstwirtschaft mit GIS	101

Thema: Natur- und Biotopschutz

Lektion 6	Floristische Kartierung	121
Lektion 7	Pflege- und Entwicklungsplan für das Schutzgebiet „Mündungsgebiet der Isar"	133
Lektion 8	Landnutzung und Landschaftswandel im Biosphärenreservat Berchtesgaden	147

Thema:	Raumordnungs-, Kommunal- und Infrastrukturplanung	
Lektion 9	Raumordnungskataster Sachsen-Anhalt	163
Lektion 10	Deponiestandortsuche	175
Lektion 11	Lärmminderungsplan in Mainz am Beispiel Mainz-Marienborn	189
Lektion 12	Ermittlung der Abflußparameter eines Kanalnetzes	203
Thema:	GIS und Logistik	
Lektion 13	Logistikanwendungen auf der Basis von Straßennetzdaten	219

4 Weitere Anwenderbeispiele

Beispiel 1	Landwirtschaftliches Informationssystem	231
Beispiel 2	Kritische Schadstoffeinträge in Waldökosysteme Nordostbayerns	239

1 Einleitung

Karten waren immer auch Ausdruck der jeweiligen Weltvorstellungen. In historischen Karten wird nicht nur ein Lageplan widergegeben. Zum Abbild der Welt gehören beispielsweise auch Ansichten von den wichtigen Landschaftsteilen und deren Bewohner. Unsere heutigen Karten werden zunehmend digital, also mit dem Rechner, erstellt. Oft entspricht die kartographische Druckausgabe nicht der detailreichen Schönheit unserer alten Kartenwerke. Diese am Rechner erstellten Karten sind optisch oft etwas plakativer und gröber. Unsere sich rasant verändernde Welt erfordert aber diese möglichst umgehend aktualisierbaren Computerkarten. Mit der digitalen Kartographie können viel zusätzliche Informationen abgespeichert werden. Um diese abrufen zu können, benötigen wir einen Rechner und entsprechende Programme. Diese heutigen intelligenten Computerkarten können somit als „Informationssysteme" helfen, unsere bedrohte Welt adäquat zu managen.

ArcView ist solch ein Schlüssel für digitale Kartenwerke. Der englische Name des Programmes bedeutet „Geometrien (Arc's) sichtbarmachen (View)". Der Buchtitel ArcView steht somit sowohl für die Einführung in die digitale Welt der Geographischen Informationssysteme (GIS) - so wird der Gesamtbereich, der sich mit digitalen Kartenwerken befaßt, heute international bezeichnet - als auch für das Programm, mit dessen Hilfe in diesem Arbeitsbuch die Lektionen bearbeitet werden.

Dem Arbeitsbuch liegt eine CD mit dreizehn Lektionen und zwei weiteren Anwendungsbeispielen bei. Die Daten, also die digitalen Karten mit ihren Zusatzinformationen, sind mit der Software ArcView so anwenderfreundlich aufbereitet und dokumentiert worden, wie dies schon bald in vielen Lebensbereichen üblich sein wird. Auch wenn das Programm ArcView auf dieser CD zum Buch nur in der abgespeckten Form, dem ArcView Publisher, beigegeben ist, können doch die vielfältigen Auswertungsmöglichkeiten von digitalen Karten vermittelt werden.

Mit Hilfe von in Geographischen Informationssystemen intelligent abgespeicherten kartographischen Informationen können sehr vielfältige räumliche Beziehungen zwischen den einzelnen Landschaftsteilen hergestellt werden. Klassische GIS-Fragen sind beispielsweise „Wo befindet sich was?", "In welchem Bereich ist dies und das gleichzeitig?", oder „Wo verläuft der kürzeste Weg von a nach b?". In solchen Systemen können heute lagebezogene Informationen unterschiedlichster Art wie Karten, Satellitenkarten, Fotographien, Videoclips oder technische Pläne, sowie beschreibende Informationen wie Meßwerte, demographische Daten oder Betriebswerte abgespeichert werden. In diesem Arbeitsbuch werden Sie in diese heutigen Möglichkeiten der Auswertung digitaler Karten eingeführt.

Geographische Informationssysteme (GIS) werden seit nunmehr 30 Jahren entwickelt. Bisher haben nur Experten mit GIS gearbeit. Mit dieser Arbeitsbuchreihe dokumentiert der Fachbuchverlag Wichmann nun den Beginn des breiten Einsatzes der GIS-Technologie. Den Experten ist es zu verdanken, daß nun auch im deutschsprachigen Europa ein guter Teil der alten Papierkarten bereits in GIS-Form vorliegt und viele Anwendungsmethoden entwickelt wurden. Hinzu kommt, daß führende GIS-Softwareentwickler wie die Firma ESRI mit ArcView erstmalig nicht nur sehr leistungstarke, sondern auch benutzerfreundliche Programme anbieten. Als weitere Voraussetzung sind heute leistungsstarke PC-Rechner mit ausreichender Speicherkapaziät und guter graphischer Ausstattung sehr preiswert in vielen Bereichen verfügbar. Das Wissen im Umgang mit diesen digitalen Landkarten kann nun also eine ungehinderte Verbreitung erfahren. Die Arbeit an der Aufbereitung dieser Übungen hat uns selber fasziniert. Wir hoffen, daß diese Begeisterung auch bei Ihnen ankommt.

An erster Stelle sei den zahlreichen Autoren der Einzelbeiträge gedankt. Alle haben sich in Ihrer Freizeit bemüht, Ihr Expertenwissen anhand eines Anwendungsbeispieles didaktisch so aufzubereiten, daß dem Leser die vielen Möglichkeiten von GIS nähergebracht werden. Wir glauben, daß es allen hervorragend gelungen ist.

Besonderen Dank für die redaktionelle Arbeit gebührt Elke Bilda, die über ein halbes Jahr den Autoren zur Seite stand und Dr. Eberhard Tscheuschner, ohne dessen EDV-Betreuung diese CD nicht gepreßt worden wäre. Außerhalb des Produktionsteams gebührt unserem Kollegen Dr. Wiesel Dank für die Mitarbeit bei der Konzeption zu dieser Arbeitsbuchreihe und für sein Verständnis hinsichtlich des Zeitkonfliktes mit der parallelen Bearbeitung des GIS Reports '96.

Allen zukünftigen ArcView-Begeisterten sei verraten, daß die erste Version dieser Software ArcView 1 unter http://www.esri.com als public domain kostenlos zu beziehen ist. Zur Drucklegung dieses Buches ist die ArcView Version 2 aktuell, die diesem Buch - in der abgespeckten Version des Publishers - zu Grunde lag. In Kürze wird die Version 3 von ArcView mit erheblich erweiterten kartographischen und analytischen Funktionen ausgeliefert. Auf diese zukünftigen Funktionen haben wir soweit möglich bereits Bezug genommen. Wir sind zuversichtlich, daß die GIS-Entwicklung in diesem Tempo weitergeht und wünschen zunächst einen guten Einstieg mit diesem Arbeitsbuch.

Bernburg und Kranzberg, im Juli 1996

Erich Buhmann, Reinhard Bachhuber, Jörg Schaller

Die Zusammenstellung diese Arbeitsbuches erforderte die Zusammenarbeit eines großen Teams in Kranzberg und Bernburg. Hier deshalb noch ein gesonderter Hinweis und Dank für den großen Einsatz aller MitarbeiterInnen bei der Redaktion, Organisation und Datenaufbereitung an

Elke Bilda, Barbara Huber, Sigrid Rosker, Tina Kapka, Claudia Karl (Planungsbüro Dr. Schaller);

Adelheid Freitag, Eberhard Tscheuschner (ESRI GmbH);

Thomas Blank, Andreas Braß, Marlen Fürich, Katrin Grey, Matthias Pietsch (Mitarbeiter Erich Buhmann, FH Anhalt in Bernburg).

1.1 Was sind geographische Informationssysteme?

Geographische Informationssysteme (GIS) sind computergestützte Werkzeuge und Methoden, die in der Lage sind, flächenbezogene geographische Daten zu erheben, zu verwalten, abzuändern und auszuwerten. Solche Daten liegen in Form **räumlicher Daten** und **beschreibender Informationen** vor. Räumliche Daten befassen sich mit der Lage, Ausprägung und den Beziehungen von geometrischen Informationen untereinander wie z. B. Entfernungen, Nachbarschaftsbeziehungen, Flächengrößen etc. Die beschreibenden Daten (Merkmale oder Attribute) beziehen sich auf die näheren Eigenschaften der geometrischen Daten. Mit GIS kann daher nicht nur gezeichnet werden, sondern die reale Welt kann durch die gleichzeitige Bearbeitung von beschreibenden Daten modellhaft flächenbezogen dargestellt werden. Normalerweise dienen hierzu unterschiedliche thematische Karten wie z. B. topographische Karten, Grundwasserkarten, Bodentypen, Landnutzungstypen, Straßen, Flüsse aber z. B. auch Verwaltungsgrenzenkarten als Grundlage. Werden alle diese flächenbezogenen Daten zusammen in einem Informationssystem abgespeichert, spricht man von einem **Geographischen Informationssystem** oder **GIS**. Der Anwender analysiert und wertet die geographische Datenbasis mit geeigneten Software-Werkzeugen aus. In der folgenden Abbildung sind zwei Beispiele solcher modellhaften Darstellungen der Umwelt durch Aufgliederung in thematische Ebenen geographischer Informationen aufgezeigt.

Modellhafte Darstellung der realen Welt in Geographischen Informationssystemen (in zwei Abbildungen)

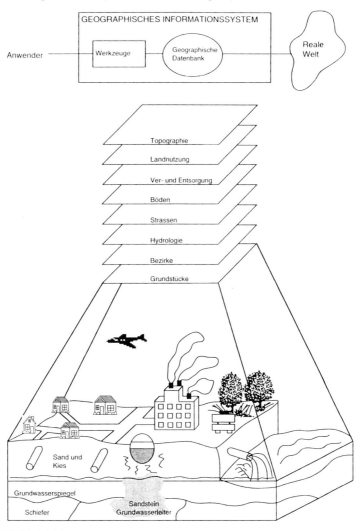

Quelle: ESRI 1991

Modellhafte Darstellung der realen Welt in Geographischen Informationssystemen (in zwei Abbildungen)

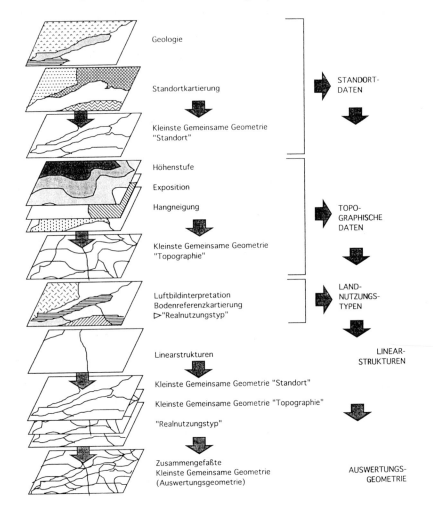

Quelle: SCHALLER 1995

Ein GIS umfaßt mehrere Komponenten:

Hardware: geeignete Computer mit grafikfähigen Ein- und Ausgabegeräten - dies können Großrechner, Minicomputer, Workstations oder Personalcomputersysteme sein.

Software: GIS-Computerprogramme mit folgenden Funktionen:

- Dateneingabe für Geometrie- und Sachdaten (Attribute)
- Datenverarbeitung
- Datenverwaltung incl. Datenaustausch über Netzwerke
- Datenanalyse (geographisch und geostatistisch)
- Kartographische, grafische und tabellarische Datenausgabe
- Multimediaausgabe

Daten: flächenbezogene Daten in Form von Punkten, Linien, Flächen, Oberflächen, Vektoren, Rastern, Zellen, Bildpunkten (Pixels) etc.

Know how: Fachliches Wissen über die Dateninhalte und Methoden zu deren Verarbeitung und Auswertung

Erst die Kombination dieser Elemente führt zu einem funktionsfähigen GIS.

Aufbau und Anwendung von GIS

Projektbezogene Daten unterschiedlicher Herkunft werden inhaltlich zusammengefaßt und in Form von thematischen Bereichen so aufbereitet, daß sie im Computer verarbeitbar sind.

Nach Auswahl des Untersuchungsgebietes und bezogen auf die grundsätzlichen Fragestellungen eines GIS-Projektes werden unterschiedliche Informationen gesammelt. Meistens werden vier Datentypen als Grundlage für eine GIS-Datenbasis herangezogen:

- Vorhandene Karten (Thematische Karten, Topographische Karten, Flurstücke etc.)
- Fernerkundungsdaten und Bilddaten (Luft- und Satellitenbilder, Fotos, Videos etc.)
- Vorhandene digitale Datenbasen (Meßdaten, Statistik, Datenbanken)
- Geländeerhebungsdaten wie Kartierungen, Vermessungen etc.

All diese Datentypen müssen projektbezogen ausgewählt, definiert und klassifiziert werden. Nach der Dateneingabe (Digitalisierung) und Fehlerbereinigung wird letztendlich eine abgespeicherte GIS-Datenbasis erzeugt, die sämtliche Geometrien und Merkmalsinformationen für das GIS-Projekt enthält. Eine so erarbeitete Datenbasis stellt die Grundlage für die Auswertung und Bewertung durch GIS-Methoden dar, wobei unterschiedliche Auswertungstechniken in Frage kommen wie z. B.:

- kartographische Analysen wie Verschneidungen, Überlagerung, thematische Abfragen etc.
- Netzwerkanalysen, topographisch-räumliche Analysen
- Modellanwendungen, die mit der GIS-Datenbasis verknüpft sind
- statistische Analysen und Klassifizierungen
- digitale Bildverarbeitungstechniken

Die Ergebnisse dieser analytischen Arbeiten können in Form von Grafiken, Karten, Plots, Statistiken oder auch Textverarbeitungs- oder Multimediatechniken dargestellt werden.

Struktur räumlicher Daten und ihre Darstellung in GIS

Wie eingangs erwähnt bestehen geographische Informationen aus drei grundsätzlichen Teilen: Erstens **das aktuelle Datum oder Merkmal** wie eine Variable, ihre Klassifizierung, ihr Wert, ihr Name etc. und zweitens die **räumliche Lage** (also die geometrische Lageinformation, in der das Datum vorkommt). Ein drittes wichtiges Merkmal ist die **Zeit**.

Aus der Verknüpfung dieser Elemente wird ersichtlich, daß die Verwaltung räumlicher Daten sehr komplex sein kann, weil sich sowohl die räumlichen Daten als auch ihre Attribute oftmals unabhängig voneinander und darüberhinaus in Abhängigkeit von der Zeit ändern können. Das Management räumlicher Daten erfordert daher, daß räumliche und nichträumliche Daten unabhängig voneinander verwaltet werden müssen, d.h. daß Attribute zeitpunktbezogen verändert werden können, aber ihren gleichen räumlichen Bezug behalten oder umgekehrt.

Geometrische Informationen

Für die räumliche Darstellung werden drei Typen geometrischer Information unterschieden: **Punkte, Linien** (Netzwerke) und **Polygone**, die üblicherweise im Vektorformat abgespeichert werden. Eine Sonderform der Polygone stellen **Raster, Dreiecke** oder **regelmäßige Vielecke** bzw. Bildpunkte ('Pixels') dar. Bilder, Fotos, Satellitendaten liegen meist in Raster- oder Pixelform vor.

Punkte, Linien und Polygone werden normalerweise auf Karten dargestellt, wobei kartesische (x, y) Koordinaten, wie z. B. Längen- oder Breitengrade, dargestellt werden. Das kartesische Koordinatensystem ist das am häufigsten benutzte System, um räumliche Messungen, Lagebeziehungen und ähnliche Datenanalysen vorzunehmen. Raster- oder Pixeldaten werden üblicherweise auch in ein Koordinatensystem projiziert, damit sie mit den Vektordaten geographisch korrekt überlagert werden können. Bei diesem Vorgang (Georeferenzierung) werden die relativen Koordinaten der Projektdaten in ein Geographisches Koordinatensystem transformiert.

1.2 Einführung in die Anwenderbeispiele

Landschafts- und Umweltplaner gehörten zu den Pionieren auf dem Gebiet der Anwendung von Geographischen Informationssystemen. Aufgrund der komplexen Fragestellungen zur Erfassung und Bewertung des Leistungsvermögens der natürlichen Ressourcen für die Menschen und die Umsetzung in der Planung, wurde schon in den frühen 70er Jahren nach Datenverarbeitungsmethoden gesucht, die geeignet waren, komplexe flächenbezogene Analysen durchzuführen.

Die frühen Konzepte zur Landschaftsanalyse durch Überlagerung von thematischen Karten von MC HARG (1969) und deren erste EDV-technische Umsetzung von STEINITZ mit dem SYMAP-Programm in den 60er Jahren und FABOS mit seiner METLAND Studie in den 70er Jahren (STEINITZ 1993, FABOS et al. 1977) zeigten die Wege auf, wie mit Hilfe von Computertechnik eine Vielzahl von flächenbezogenen Daten über die natürlichen Ressourcen und ihre Belastungen bearbeitet, bewertet und ausgewertet werden können. Ursprünglich waren diese Ansätze noch an Großrechner gebunden und standen bei weitem noch nicht für die allgemeine Planungspraxis zur Verfügung. Erst Anfang der 80er Jahre wurden Rechnersysteme und Computerprogramme entwickelt, die auch in erheblichem Maße in die Praxis der Umwelt- und Landschafts- und der Ressourcenplanung Eingang gefunden haben.

Mittlerweile sind Geographische Informationssysteme weit verbreitete und allgemein akzeptierte Hilfsmittel für die Bearbeitung komplexer Umweltfragestellungen geworden und werden vielfach als zentraler Bestandteil von Umweltinformationssystemen und im Rahmen von Landschaftsplanungen, Umweltverträglichkeitsprüfungen und ganz allgemein auch in Form von Landschafts- und Umweltinformationssystemen eingesetzt.

Dieses ArcView Arbeitsbuch spiegelt daher auch mit seinen Beiträgen diese historische Entwicklung wider.

Die Beispiele kommen überwiegend aus den Bereichen

- Umweltplanung
- Natur- und Biotopschutz
- Land- und Forstwirtschaft
- Raumordnungs-, Kommunal- und Infrastrukturplanung

Daß GIS aber nunmehr in andere Bereiche vordringt, zeigt der Beitrag

- GIS und Logistik.

Es ist vorgesehen, in einem weiteren Arbeitsbuch dieser Reihe Anwenderbeispiele mit Schwerpunkten aus anderen Bereichen des GIS-Einsatzes, wie z. B.

- Ver- und Entsorgung
- Erholung und Tourismus
- Energie (incl. alternative Energie)
- Verkehr (Land, Luft, Wasser, Schiene)
- Wirtschaft
- Geomarketing etc.

aufzuzeigen, wie GIS heutzutage als zentrales räumliches Informationssystem in allen wichtigen Lebensbereichen und Entscheidungsebenen eingesetzt werden kann.

2 Einführung in das ArcView 'Desktop-GIS'

ArcView und der ArcView Data Publisher sind Produkte des Environmental Research Institute (ESRI), dem Entwickler von ARC/INFO®, einem weltweit führenden Programm auf dem Gebiet der geographischen Informationssysteme (GIS). Seit mehr als zwanzig Jahren ist ESRI im Bereich der computergestützten Lösungen raumbezogener Aufgabenstellungen tätig.

Was ist ArcView?

ArcView ist ein 'Desktop-GIS', d. h. eine geographische Informationssystemsoftware, mit der Sie GIS-Aufgaben an Ihrem Schreibtisch mit Ihrem PC bearbeiten können. Ein Desktop-GIS umfaßt natürlich nicht die gesamte Funktionalität eines vollständigen GIS-Programmes, es hat aber die Vorteile, in einfacher Weise geographische Daten und Sachdaten zu visualisieren und wichtige GIS-Analysefunktionen bereitzustellen. Diese Funktionen werden auch in diesem Buch anhand aktueller Anwendungsbeispiele gezeigt.

ArcView ist ein leistungsfähiges, leicht zu bedienendes Werkzeug, mit dem Sie geographische Daten auf Ihren Schreibtisch holen können. Mit ArcView können Sie flächenbezogene Daten nach verschiedenen Gesichtspunkten darstellen, verändern, abfragen und analysieren.

Was ist der ArcView Data Publisher?

Die in diesem Buch auf der beiliegenden CD-ROM bereitgestellte Software ArcView Data Publisher ist eine spezielle Version der ArcView Software, die mit den im Buch gezeigten Anwendungsbeispielen fest verbunden ist. Sie enthält alle wesentlichen Softwarefunktionen des Desktop Produktes ArcView und unterstützt Ihre Arbeit mit den Anwendungsbeispielen. Aus diesem Grunde benötigen Sie für Ihre Arbeit mit der CD keine weitere ArcView-Installation auf Ihrem PC. Die Anwenderoberfläche, die Menüs und Befehle entsprechen genau der ArcView Software, allerdings können Sie weder die Resultate Ihrer Übungsarbeiten noch die Software speichern oder kopieren.

Mit dem ArcView Data Publisher arbeiten

Im folgenden Abschnitt werden einige der Aufgaben generell beschrieben, die Sie mit dem ArcView Data Publisher in den Anwendungsbeispielen dieses Buches ausführen können.

- ARC/INFO Daten anzeigen
- Tabellarische Daten in einem View darstellen
- SQL (= Standard Datenbankabfragesprache) verwenden, um Datensätze aus der Datenbank zu ermitteln und sie in einem View darzustellen
- Die Attribute aller Objekte suchen
- Objekte entsprechend ihren Attributen auswählen
- Objekte basierend auf ihrer Nähe zu anderen Objekten auswählen
- Stellen suchen, an denen bestimmte Objekte miteinander übereinstimmen
- Zusammenfassungen erstellen und Statistiken über Objektattribute erzeugen
- Diagramme erstellen, die die Objektattribute aufzeigen
- Eine Karte entwerfen und drucken

Starten des ArcView Data Publisher

Nach der erfolgreichen Installation der CD auf Ihrem PC entsprechend den Anweisungen in der Readme.txt Datei im Hauptverzeichnis der CD können Sie den ArcView Data Publisher für Windows vom Windows-Programm-Manager aus starten.

1. Öffnen Sie im Windows-Programm-Manager die Programmgruppe, die das ArcView-Symbol enthält.
2. Doppelklicken Sie auf das ArcView-Symbol.

Die Benutzeroberfläche des ArcView Data Publisher's

Die Benutzeroberfläche stellt sich in einem Anwendungsfenster dar, das der graphischen Benutzeroberfläche von ArcView entspricht (vgl. Abbildung). Sie können das Anwendungsfenster auf eine Minimalgröße (Icon), auf eine Maximalgröße und wieder zurück auf die ursprüngliche Größe bringen.

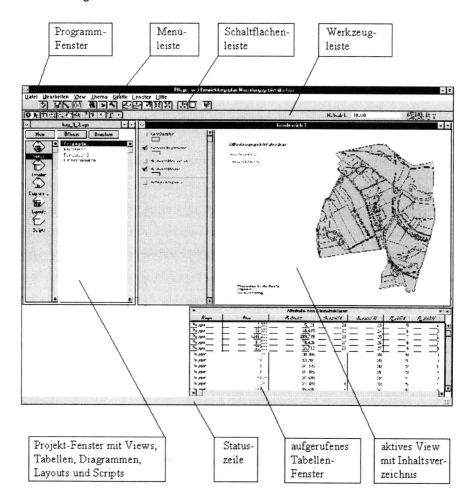

Projekte

Ein ArcView-Projekt ist eine Sammlung von zusammengehörenden Dokumenten einer ArcView-Sitzung. Projekte können die folgenden Dokumente enthalten: Views, Tabellen, Diagramme, Layouts und Scripts. Ein Projekt organisiert und speichert den Status seiner Dokumente. Es regelt, wie, wo und wann Dokumente angezeigt werden und legt deren Erscheinungsbild fest. Projektinformationen werden in einer Datei gespeichert, der sogenannten Projekt-Datei.

Das Projektfenster

Um ein bestehendes Projekt zu öffnen, müssen Sie nach dem Start des Publisher's den Befehl „Projekt öffnen" aus dem Menü „Datei" wählen. Der ArcView Data Publisher zeigt daraufhin das Dialogfeld „Projekt öffnen" an, in dem Sie den Namen und das Laufwerk des zu öffnenden Projekts angeben können. In der Titelleiste des Projektfensters erscheint dann der Name des Projektes. Das Projektfenster selber zeigt die Namen aller Dokumente an und dient als Schaltzentrale. Sie können immer nur ein Projekt gleichzeitig öffnen und daran arbeiten.

Dokument-Fenster

Wenn Sie Dokumente öffnen, werden diese in ihren eigenen Fenstern angezeigt. Sie können im ArcView Data Publisher eine beliebige Anzahl von Fenstern geöffnet haben, aber nur ein Fenster ist jeweils aktiv. Das aktive Fenster ist das, in dem Sie gerade arbeiten. Alle Fenster, die aktuell im ArcView Data Publisher-Fenster geöffnet sind, werden im unteren Bereich des Menüs „Fenster" in der ArcView Data Publisher-Menüleiste aufgeführt. Hierzu gehört auch das Projektfenster.

Wenn Sie ein Fenster zum aktiven Fenster machen möchten, brauchen Sie einfach nur auf das betreffende Fenster oder seine Titelleiste zu klicken. Ebenso können Sie es über die Menübefehle des Menüs „Fenster" anwählen. Wenn Sie ein Fenster öffnen, wird es automatisch aktiv. Wenn ein Fenster teilweise durch andere verdeckt wird, wird es durch das Aktivieren automatisch in den Vordergrund gebracht. Die Benutzeroberfläche vom ArcView Data Publisher ändert ihr Aussehen in Abhängigkeit vom aktiven Fenster. Wenn z. B. das Projektfenster aktiv ist, sehen Sie die Steuerelemente für die Arbeit mit Projekten, und wenn ein View aktiv ist, sehen Sie die Steuerelemente für das View.

Menüleiste

Diese Leiste am oberen Rand des ArcView Data Publisher-Fensters enthält die Pulldown-Menüs des ArcView Data Publisher's. Zum Auswählen von Menüpunkten können Sie die Maus- oder Tastaturbefehle verwenden. Manche Tastaturbefehle sind in den Menüs aufgeführt. Andere unterscheiden sich je nach der grafischen Benutzeroberfläche, mit der Sie arbeiten. Der Inhalt der Menüleiste ändert sich je nach Inhalt des aktiven Fensters.

Sie können die Funktion eines Menübefehls anzeigen lassen, wenn Sie mit der Maus darauf klicken, ohne die Maustaste loszulassen. In der Statuszeile im unteren Bereich des ArcView Data Publisher-Fensters wird dann eine kurze Erläuterung zum gewählten Menübefehl erscheinen.

Schaltflächenleiste

Diese Leiste, die sich im ArcView-Fenster unterhalb der Menüleiste befindet, enthält Schaltflächen, in denen Sie auf verschiedene Steuerelemente zugreifen können. Um eine Schaltfläche zu wählen, klicken Sie darauf. Der Inhalt der Schaltflächenleiste ändert sich je nach Inhalt des aktiven Fensters.

Werkzeugleiste

Diese Leiste, die sich im ArcView Data Publisher-Fenster unterhalb der Schaltflächenleiste befindet, enthält verschiedene Werkzeuge, mit denen Sie arbeiten können. Um ein Werkzeug zu aktivieren, klicken Sie darauf. Der Cursor ändert daraufhin sein Aussehen und deutet damit an, welches Werkzeug ausgewählt wurde. Dieses Werkzeug bleibt so lange aktiv, bis Sie ein anderes wählen. Die Zusammensetzung der Werkzeugleiste ändert sich je nach Inhalt des aktiven Fensters. Wenn Sie im Projektfenster arbeiten, ist die Werkzeugleiste leer.

Sie können die Funktion eines Werkzeuges anzeigen lassen, indem Sie den Cursor auf das betreffende Werkzeug bringen, ohne zu klicken. Eine kurze Erläuterung zum gewählten Werkzeug wird dann in der Statuszeile im unteren Bereich des ArcView Data Publisher-Anwendungsfensters angezeigt. Zusätzlich zu den Werkzeugen zeigt die View-Werkzeugleiste den Maßstab der Ansicht und den Koordinatenpunkt der Maus an. Die Tabellen-Werkzeugleiste zeigt die Anzahl der Datensätze an, die aktuell in der Tabelle gewählt sind.

Statuszeile

Dieses waagerechte Feld im unteren Bereich des Bildschirms zeigt folgendes an:

- Den Fortschritt von Operationen, wie Öffnen, Speichern, Suchen.
- Kurze Erläuterungen zu gewählten Menübefehlen.
- Kurze Erläuterungen zu Schaltflächen und Werkzeugen, wenn Sie den Cursor auf das entsprechende Objekt bringen.
- Die Ergebnisse von Messungen, die Sie mit dem „Werkzeug zum Messen" in einem View vorgenommen haben.
- Die Abmessungen von Formen, die Sie in einem View mit dem „Zeichenwerkzeug" gezeichnet haben.
- Die von Ihnen definierten Abmessungen des Auswahlfeldes beim Wählen von Elementen aus einem bestimmten Bereich eines View mit dem „Objekte-Werkzeug".
- Die Meßwerte und Abmessungen, die beim Arbeiten mit einem View in der Statuszeile angezeigt werden, werden in der Abstandseinheit des View angegeben.

Speichern Ihrer Arbeit

Im ArcView Data Publisher können Sie die Ergebnisse Ihrer Arbeit **nicht** speichern. Wenn Sie die Arbeit an einem Anwendungsbeispiel dieses Buches wieder aufnehmen möchten, wird es genauso aussehen wie zu dem Zeitpunkt des ersten Öffnens.

Verlassen des ArcView Data Publisher's

Wählen Sie aus dem Menü „Datei" den Befehl „Verlassen" oder doppelklicken Sie auf das Systemmenüfeld in der linken oberen Ecke des ArcView Data Publisher-Fensters.

Dokumente

ArcView-Dokumente unterstützen viele Arten von Informationen, die in jeweils verschiedenen Fenstern erscheinen. Sie können die Dokument-Fenster für die Anzeige und für interaktive Veränderungen benutzen (z. B. Darstellung und Auswahl aus einer Karte oder einer Tabelle).

Views
Ein View zeigt eine Karte, die Ebenen raumbezogener Informationen enthält (z. B. Hauptverkehrsstraßen, Bezirksgrenzen, Großstädte oder Schulstandorte).

Tabellen
Tabellen visualisieren Daten in tabellarischer Form. Tabellen speichern Informationen, die Merkmale eines Views beschreiben (z. B. die Breite einer Hauptverkehrsstraße, die Einwohnerzahl einer Stadt oder der Einzugsbereich einer Schule).

Diagramme
Diagramme stellen tabellarische Daten in graphischer Form dar. ArcView stellt sechs grundsätzliche Arten von Diagrammen bereit.

Layouts

Layouts liefern eine Technik zur gemeinsamen Darstellung mehrerer Dokumente in einem neuen Dokument, das dann als gesamte Karte oder Abbildung gedruckt oder geplottet werden kann.

2.1 Views: Räumliche Daten anzeigen und abfragen

Im folgenden wird kurz auf die wesentlichen Funktionen des ArcView Publishers eingegangen, damit Sie die Anwendungsbeispiele im Buch mit den entsprechenden Menübefehlen, Schaltflächen und Werkzeugen bedienen können.

- Ein View handhabt die Anzeige von geographischen Informationen.
- Geographische Informationen werden in Themen organisiert.
- Ein Thema repräsentiert eine thematisch symbolisierte Kartenebene.
- Themen regeln die Darstellung der Elementklassen (Punkt, Linie, Fläche, Raster) u. a. durch Symbole, Farben, Schraffuren und Anzeigen oder Nichtanzeigen.

Zu jedem View gehört ein geographisches Inhaltsverzeichnis. Dies ist eine sehr hilfreiche Funktion der ArcView Software, die das Verstehen und die Steuerung der Anzeige wesentlich erleichtert.

Was ist ein View?

Bei einem View handelt es sich um eine interaktive Karte, mit der Sie geographische Daten im ArcView Data Publisher anzeigen, erkunden, abfragen und analysieren können.

Die Themen eines View

Ein View ist eine Sammlung von Themen. Ein Thema repräsentiert einen spezifischen Satz geographischer Objekte in einer bestimmten geographischen Datenquelle. Das View eines Landes beispielsweise kann ein

Thema zur Darstellung von Städten, eines zur Darstellung von Straßen, eines zur Darstellung von Flüssen, usw. enthalten.

Was ist ein Thema?

Ein Thema ist eine Gruppe von geographischen Objekten in einem View. Ein Thema stellt eine der folgenden Arten von Quellen geographischer Daten dar:

- Raumbezogene Datenquellen, wie z. B. ARC/INFO-Kartenebenen oder ArcView Shape-Dateien
- Bilddaten, wie z. B. Luft- oder Satellitenbilder, digitale Fotos etc.
- Tabellarische Datenquellen mit Flächenbezug, z. B. Tabellen mit X,Y-Koordinaten, die von ArcView georeferenziert werden können.

Die Themen eines View werden in seinem Inhaltsverzeichnis aufgeführt. So kann z. B. das View einer Stadt ein Thema haben, das Volkszählungsbezirke darstellt, ein weiteres Thema, das Autobahnen darstellt und ein drittes, das Schulen darstellt, usw.

Zu jedem Thema gehört eine Legende, die im Inhaltsverzeichnis angezeigt wird. Mit der Legende des Themas wird festgelegt, wie das Thema im View dargestellt wird. Wenn Sie die Farben und Symbole ändern möchten, mit denen ein Thema angezeigt wird, bearbeiten Sie die Legende des Themas mit dem Legendeneditor.

Die Benutzeroberfläche eines View

Views werden in Fenstern angezeigt. Wenn Sie die Größe des Fensters eines View ändern, wird das View durch Neuzeichnen an die neue Größe des Fensters angepaßt. Wenn Sie z. B. ein View vergrößern, um einen bestimmten Bereich oder Umfang anzeigen zu lassen, bleibt dieser Bereich immer im Fenster des View sichtbar, auch wenn Sie die Größe des Fensters ändern.

Das Inhaltsverzeichnis

Auf der linken Seite des Views befindet sich das 'Inhaltsverzeichnis', in dem die Themen des View aufgeführt sind. Sie haben hier die Möglichkeit durch Anklicken eines Kontrollkästchens ein Thema sichtbar oder unsichtbar zu machen. Desweiteren können Sie durch Verschieben eines Legendenfeldes nach oben bzw. unten, die Hierarchie eines Themas im View ändern. Nach Doppelklicken auf das Legendenfeld eines Themas erscheint der Legendeneditor.

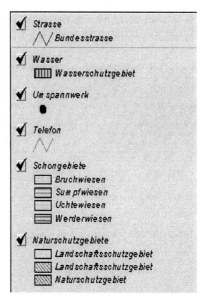

ArcView Schaltflächen und Werkzeuge

Bei der Arbeit mit einem View können Sie die abgebildeten Schaltflächen und Werkzeuge einsetzen.

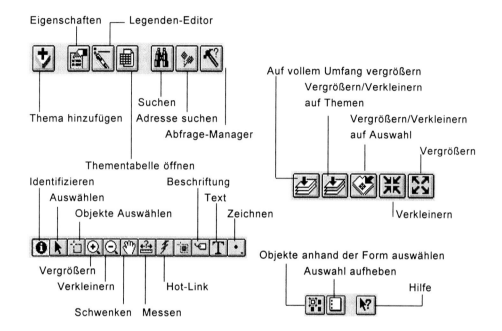

Schaltflächen

Auf vollen Umfang vergrößern

Vergrößert auf den vollen Umfang aller Themen eines View. Klicken Sie auf diese Schaltfläche, wenn Sie in einem View alles sehen möchten.

Vergrößern/Verkleinern auf Themen
Wenn Sie auf den Bereich vergrößern/verkleinern möchten, der von einem bestimmten Thema eingenommen wird, klikken Sie im Inhaltsverzeichnis des View auf das betreffende Thema, um es zu aktivieren, und klicken dann auf diese Schaltfläche.

 Vergrößern/Verkleinern auf Auswahl
Wenn Sie in einem View Objekte ausgewählt haben, können Sie diese Objekte der aktiven Themen vergrößern, indem Sie auf diese Schaltfläche klicken.

 Vergößern
Vergrößert den Maßstab vom Anzeigemittelpunkt aus.

 Verkleinern
Verkleinert den Maßstab vom Anzeigemittelpunkt aus.

Werkzeuge

 Vergrößerungslupe
Vergrößert den Maßstab des View auf die Position oder den Bereich, den Sie mit der Maus bestimmen.

 Verkleinerungslupe
Verkleinert den Maßstab des View auf die Position oder den Bereich, den Sie mit der Maus bestimmen.

 Schwenken
Mit dem Werkzeug „Schwenken" können Sie den dargestellten Ausschnitt des View jederzeit durch Ziehen in eine beliebige Richtung schwenken.

Den Maßstab eines View direkt festlegen

Ein anderes Verfahren zum Vergrößern und Verkleinern besteht darin, daß Sie den Maßstab, mit dem Sie arbeiten möchten, direkt in der Werkzeugleiste angeben. Weitere Informationen finden Sie in der Hilfe unter "View-Maßstab festlegen".

Das Arbeiten mit Views in Projekten

ArcView Data Publisher-Projekte können eine beliebige Anzahl von Views enthalten.

Anzeigen von Views in einem Projekt
Klicken Sie im Projektfenster auf die Schaltfläche „Views". Die im Projekt enthaltenen Views werden daraufhin in der Liste angezeigt.

Erstellen eines neuen View
Klicken Sie bei aktivierter Schaltfläche „Views" auf die Schaltfläche „Neu" oben im Projektfenster. Daraufhin wird ein neues, leeres View angezeigt. Der ArcView Data Publisher benennt die neuen Views in numerischer Reihenfolge: View1, View2, View3 etc.

Öffnen eines View
Doppelklicken Sie auf den Namen des View in der Liste mit den Views im Projektfenster oder wählen Sie den Namen des View, und klicken Sie auf die Schaltfläche „Öffnen".

Schließen eines View
Wählen Sie aus dem Menü „Datei" den Befehl „Schließen", oder klicken Sie auf das Steuerelement zum Schließen im Fenster des View.

Umbenennen eines View
Klicken Sie in der Liste im Projektfenster einmal auf das View, und wählen Sie aus dem Menü „Projekt" den Befehl „Umbenennen".

Löschen eines View

Das Löschen eines View ist im ArcView Data Publisher nicht möglich.

Speichern von Änderungen und Kopieren bei einem View

Das Speichern und Kopieren von Änderungen in einem View ist im ArcView Data Publisher nicht möglich.

Erstellen eines Themas in einem View

Sie können einem View ein Thema hinzufügen, das eine vorhandene Datenquelle repräsentiert, oder Sie können in einem View, das bereits Themen enthält, ein neues Thema erstellen, das auf dem ArcView-Shape-Dateiformat beruht. Sie können auch ein neues View erstellen und dann darin wieder Themen erstellen.

Zum Erstellen eines Themas gehört die Auswahl der Datenquelle, die das Thema repräsentieren soll. Kartographische Datenquellen, wie z. B. ARC/INFO-Kartenebenen, ArcView-Shape-Dateien oder Bilddaten werden mit dem Steuerelement „Thema hinzufügen" als Thema einem View hinzugefügt.

Einem View eine ARC/INFO-Kartenebene oder eine ArcView-Shape-Datei hinzufügen

1. Wählen Sie aus dem Menü „View" den Befehl „Thema hinzufügen", oder klicken Sie auf die Schaltfläche „Thema hinzufügen", um das Dialogfeld „Thema hinzufügen" aufzurufen.
2. Wählen Sie im Feld „Datenquellentypen" die Option „Objektdatenquelle", wenn dies nicht bereits geschehen ist.
3. Wählen Sie die Option „Verzeichnisse", wenn dies nicht bereits geschehen ist.

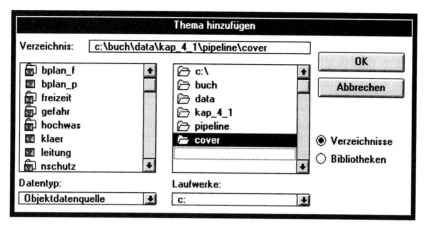

4. Gehen Sie zu dem Verzeichnis, das die hinzuzufügende ARC/INFO-Kartenebene oder ArcView-Shape-Datei enthält. Doppelklicken Sie auf den Namen des Verzeichnisses, damit die darin enthaltenen Dateien angezeigt werden.
5. Wenn Sie ArcView-Shape-Dateien hinzufügen möchten, werden die Dateien mit der Dateinamenerweiterung. shp aufgeführt.

Daten, mit denen im ArcView Data Publisher gearbeitet werden kann

Daten, die einen Teil der Erdoberfläche oder seine Objekte beschreiben, werden geographische Daten genannt. Hierzu gehören nicht nur kartographische und wissenschaftliche Daten, sondern auch Geschäftsdaten, Katasterakten, Fotografien, Kunden-Datenbanken, Reiseführer, Grundbucheinträge, Urkunden, Videos, usw.

In der Tat gibt es überraschend viele geographische Daten! Man hat festgestellt, daß mehr als 80% aller Daten, die Tag für Tag in Unternehmen und Verwaltungen verwendet werden, direkt mit geographischen Objekten wie Postleitzahlen, postalischen Adressen, Produktionsstandorten, Zensusbezirken, Städten, Bundesländern und Staaten verbunden werden können.

Im ArcView Data Publisher können raumbezogene Daten, Bilddaten, tabellarische Daten und sog. „Hot-Links" zu anderen Datenquellen verwendet werden. Mit der ArcView Data Publisher-Funktion „Hot-Link" können Sie ganz einfach auf praktisch jede andere Datenquelle oder Anwendung zugreifen, indem Sie auf ein Objekt klicken. So können Sie sich zum Beispiel durch Klicken auf ein Gebäude seine Lärmdaten (Beispiel Lärmminderungsplan) anzeigen lassen, auf ein Dokument zugreifen, in dem es beschrieben wird (Beispiel Waldschadensmodelle) oder sogar ein Video von dem Gebäude abspielen lassen.

Die Legende eines Themas bearbeiten

Durch Bearbeiten der Legende eines Themas mit dem Legenden-Editor können Sie die Muster und Farben der Symbole ändern, mit denen der ArcView Data Publisher das Thema in Ihrem View zeichnet.

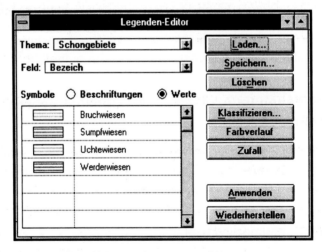

Sie können alle Objekte des Themas mit einem einzigen Symbol darstellen oder verschiedenen Objekten unterschiedliche Symbole zuweisen, indem Sie die Objekte nach ihren Werten in einem von Ihnen angegebenen Feld der Attributtabelle des Themas klassifizieren. Um den Legendeneditor zu öffnen, haben Sie drei Möglichkeiten:

- Doppelklicken Sie auf die Legende des Themas im Inhaltsverzeichnis des Views.

- Klicken Sie im Inhaltsverzeichnis einmal auf das Thema, um es zu aktivieren, und wählen Sie dann aus dem Menü „Thema" den Befehl „Legende bearbeiten"
- Aktivieren Sie wiederum das Thema und klicken Sie anschließend auf die Schaltfläche „Legenden-Editor".

Symbole verändern

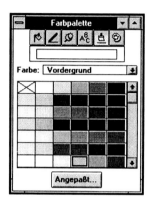

Wenn Sie im Legenden-Editor auf ein Symbol doppelklicken, können Sie die Eigenschaften dieses Symbols mit der Symbolpalette ändern. Wählen Sie in der Symbol- oder Farbpalette das gewünschte Muster und die gewünschte Farbe des Symbols. Klicken Sie im Legenden-Editor auf „Anwenden", damit das Thema mit der neuen Symboldarstellung neu gezeichnet wird.

Objekte klassifizieren, um ihnen verschiedene Symbole zuzuweisen

Wählen Sie im Legenden-Editor den Namen desjenigen Feldes, in der Themen-Attributtabelle, auf dem die Klassifikation beruhen soll. Der ArcView Data Publisher wählt daraufhin die standardmäßige Klassifikation und weist jeder Klasse ein Standardsymbol zu. Klicken Sie auf „Klassifizieren", wenn Sie die Art der Klassifikation oder die Anzahl der Klassen ändern möchten. Klicken Sie auf „Anwenden", damit das Thema unter Verwendung der Klassifkation neu gezeichnet wird.

Angeben eines Farbverlaufs für eine Reihe von Symbolen

1. Doppelklicken Sie auf das Symbol an der Spitze der Klassifikation und legen Sie seine Farbe fest.
2. Doppelklicken Sie dann auf das Symbol am Ende der Klassifkation und legen Sie seine Farbe fest.
3. Klicken Sie anschließend auf „Farbverlauf".

4. Klicken Sie auf „Anwenden".

Logische Auswahl - Der Abfrage-Manager

Der Abfrage-Manager erlaubt Ihnen die Auswahl von Objekten in einem View und von Datensätzen in einer Tabelle, indem eine Abfrage auf Basis der Objekt- oder Datensatz-Attributwerte definiert wird. Um den Abfrage-Manager aufzurufen, wählen Sie aus dem Menü „Thema" den Befehl „Abfrage" oder klicken Sie auf die Schaltfläche „Abfrage-Manager".

2.2 Tabellen: Attribute raumbezogener Daten

Bei der Arbeit mit tabellarischen Daten in ArcView-Tabellen haben Sie die Kontrolle über die Sachdaten. Wenn Sie in einem View auf Objekte klicken, werden die dazugehörigen Einträge in der Tabelle hervorgehoben, und die Attribute dieser Objekte werden angezeigt. Wenn Sie in der Tabelle Datensätze auswählen, werden im View die dazugehörigen Elemente hervorgehoben. Die ArcView-Tabellen bieten außerdem eine ganze Palette von Elementen zum Erstellen von statistischen Zusammenfassungen, zum Sortieren und zum Abfragen.

Die Arbeit mit Tabellen umfaßt viele Funktionen, wie z. B.

- Mit Attributtabellen für Themen arbeiten
- Tabellarische Daten hinzufügen
- Neue Tabellen erstellen
- Felder in einer Tabelle hinzufügen oder löschen
- Datensätze in einer Tabelle hinzufügen und löschen
- Datensätze bearbeiten
- Feldwerte berechnen
- Datensätze sortieren
- Felder anzeigen und neu anordnen
- Feldstatistik-Tabelle
- Tabellen verbinden

Zu den raumbezogenen Datenquellen, wie z. B. ARC/INFO-Kartenebenen, gehören Attributtabellen mit beschreibenden Informationen über die in der Datenquelle enthaltenen geographischen Objekte. Bei der Arbeit mit einem View, in der Themen diese raumbezogenen Datenquellen repräsentieren, haben Sie unmittelbaren Zugriff auf die Attributtabellen der Themen. ArcView verwaltet die Beziehung zwischen Themen und deren Attributtabellen automatisch.

Die Attributtabelle eines Themas verwenden

Im folgenden Abschnitt werden einige der Verfahren genannt, mit denen Sie aus einem View auf die Daten in der Attributtabelle eines Themas zugreifen können:

Öffnen der Attributtabelle eines Themas
Verwenden Sie zum Öffnen der Attributtabelle eines Themas die Schaltfläche "Thementabelle öffnen".

Anzeigen der Datensätze einer Themenattributtabelle für ein bestimmtes Objekt in einem View
Verwenden Sie im View das "Werkzeug zum Identifizieren".

Beschriften der Objekte eines Themas
Wenn Sie die Objekte eines Themas mit ihren Werten in einem bestimmten Feld der Attributtabelle des Themas beschriften möchten, geben Sie den Feldnamen an, und arbeiten Sie dann mit dem "Beschriftungs-Werkzeug" oder dem Befehl "Autom. Beschriftung".

Symbolisieren der Objekte eines Themas auf der Grundlage ihrer Feldwerte
Mit einer Tabelle können Sie die Objekte eines Themas auf der Grundlage seiner Feldwerte in einer zugeordneten Attributtabelle symbolisieren. Weitere Informationen finden Sie in

der Hilfe unter "Legende eines Themas bearbeiten".

Verbinden anderer Tabellen mit Attributtabellen eines Themas

Tabellen, die Sie durch Hinzufügen oder mittels einer SQL-Abfrage in ArcView gebracht haben, können mit der Attributtabelle eines Themas verbunden werden. Auf diese Weise können Sie vom View aus auf Ihre tabellarischen Daten wie oben erläutert zugreifen. Weitere Informationen finden Sie in der Hilfe unter "Überblick über das Anzeigen von Tabellen".

Datenquellen für Themen

Wenn Ihre Tabellen XY-Koordinaten, Abmessungen entlang von Strecken (z. B. Straßenkilometer) oder postalische Adressen enthalten, können Sie diese Daten in der Ansicht direkt als Ereignisse anzeigen lassen. Weitere Informationen finden Sie in der Hilfe unter "Überblick über das Anzeigen von Tabellen in Views".

Eigenschaften von Tabellen

Mit dem Dialogfeld "Eigenschaften: Tabellen" können Sie festlegen, wie Tabellen in ArcView angezeigt werden sollen und welche Felder in der Tabelle sichtbar sein sollen. Sie können außerdem auch Synonyme ('Alias-Namen') für Feldnamen angeben, damit sie leichter zu lesen und zu verstehen sind.

2.3 Diagramme: Daten visualisieren und abfragen

Mit ArcView-Diagrammen können Sie erstklassige Unternehmensgrafiken erstellen und Datenvisualisierungen vornehmen, die in vollem Umfang in die geographische Umgebung von ArcView integriert sind. Klicken Sie einfach auf Objekte in einem View, um sie der Tabelle hinzuzufügen. In ArcView können Sie gleichzeitig mit geographischen und tabellarischen Repräsentationen sowie mit Diagramm-Repräsentationen Ihrer Daten arbeiten.

In diesem Kapitel erhalten Sie Informationen zu folgenden Themen:
- Was ist ein Diagramm?
- Diagramm Benutzeroberfläche
- Diagrammtypen, die zur Verfügung stehen

Was ist ein Diagramm?

Ein Diagramm ist eine grafische Darstellung von tabellarischen Daten, eine intensive zusätzliche visuelle Betrachtungsweise der Attribute, die mit geographischen Objekten in Zusammenhang stehen. Mit Hilfe eines Diagramms kann man geographische Daten und Tabellendaten anzeigen, vergleichen und abfragen. Diagramme sind vollständig in die graphische Benutzeroberfläche von ArcView integriert.

Diagramme beziehen sich in ihrer Darstellung auf Tabellendaten in einer vorhandenen ArcView-Tabelle innerhalb eines Projekts. Diagramme sind dynamisch, da sie den aktuellen Status der Tabellendaten wiedergeben.

Die selben Tabellendaten können für mehrere Diagramme verwendet werden. Bei ArcView können für jede Anwendung unterschiedliche Diagramme für die darzustellenden Daten erstellt werden.

Diagramm-Benutzeroberfläche

Diagramme werden in Fenstern angezeigt. Beim Arbeiten mit Diagrammen sehen Sie die speziellen Menüs, Symbole und Werkzeuge für Diagramme:

Diagrammtypen

In ArcView gibt es sechs Diagrammtypen - Flächen-, Balken-, Säulen-, Linien-, Kreis- und XY-Streudiagramme -, wobei es für jedes Diagramm mehrere Variationsmöglichkeiten gibt, z. B. Hinzufügen von Gitterlinien oder Herausziehen des ersten Kreissegments. Einige Diagramme eignen sich besonders für Wertvergleiche, andere für die Darstellung von Trends und wieder andere zum Hervorheben eines wichtigen Elements. Durch Wahl des geeignetsten Diagrammformats können Sie Ihre Informationen wirksamer präsentieren.

2.4 Layouts: Karten und Druckvorlagen erstellen

Mit ArcView-Layouts können Sie hochwertige, vollfarbige Karten erstellen, indem Sie zunächst die verschiedenen graphischen Elemente am Bildschirm in der gewünschten Weise anordnen. Auf einer Vielzahl von Druckern und Plottern können sie eine hervorragende Ausgabequalität erzielen. Die Layouts sind dynamisch, denn sie haben eine aktive Verknüpfung zu den Daten, die sie repräsentieren. Wenn Sie ein Layout drucken, werden alle Änderungen, die bei den Daten vorgefallen sind, automatisch berücksichtigt. Sie können sicher sein, daß alle Angaben auf Ihrer Karte dem neuesten Stand entsprechen

Mit den Layoutfunktionen von ArcView können Sie:

- Eine Seite einrichten
- Rahmen hinzufügen
- Maßstabsleisten und Nordpfeile hinzufügen
- Grafiken und Text hinzufügen
- Andere Grafiken importieren
- Layout-Elemente einpassen und ausrichten
- Rahmen und Elemente bewegen, neu anordnen und ihre Größe verändern
- Layout drucken

Was ist ein Layout ?

Layouts sind Karten, mit denen Sie Views, Diagramme, Tabellen, importierte Grafiken und graphische Grundformen darstellen können. Um diese Grafiken innerhalb von ArcView für die Ausgabe vorzubereiten, arbeiten Sie mit Layouts.

Layouts legen fest, welche Daten ausgegeben werden und wie sie dargestellt werden. Layouts sind dynamisch, da Sie auch aktiv verknüpfte Grafiken einbinden können. Aktiv verknüpfte Grafiken geben stets den aktuellen Datenstand wieder. Wenn sich beispielsweise die Daten in einem View ändern, ändert sich damit automatisch auch die Darstellung im Layout.

Arbeiten mit Layouts in einem Projekt

In Erfahrung bringen, welche Layouts ein Projekt enthält
Klicken Sie auf das Symbol "Layout" im Projektfenster. Die Layouts des aktuellen Projekts werden in einer Liste angezeigt. ArcView-Projekte können beliebig viele Layouts enthalten.

Erstellen eines neuen Layouts
Klicken Sie bei aktivem Layout-Symbol oben im Projektfenster auf die Schaltfläche "Neu". Es wird ein neues Layout erstellt, dessen Name in der Liste der Layouts des Projekts erscheint. Layouts werden in numerischer Reihenfolge benannt: Layout1, Layout2, Layout3 usw. Weitere Informationen finden Sie in der Hilfe unter "Überblick über die Erstellung eines Layouts". Sie können zum Erstellen eines neuen Layouts auch auf das Layout-Symbol doppelklicken.

Öffnen eines Layouts
Doppelklicken Sie auf den Namen des Layouts in der Layout-Liste im Projektfenster, oder wählen Sie den Namen des Layouts und klicken Sie auf "Öffnen".

Schließen eines Layouts
Wählen Sie "Schließen" aus dem Menü "Datei", oder klicken Sie auf das Steuerelement zum "Schließen" des Layout-Fensters (je nach graphischer Benutzeroberfläche unterschiedlich).

Umbenennen eines Layouts
Klicken Sie einmal auf den Namen des Layouts in der Liste im Projektfenster und wählen Sie "Umbenennen" aus dem Menü "Projekt". Der Name eines Layouts ist eine Eigenschaft des Layouts, die Sie bearbeiten können.

2.5 Hilfe verwenden

Das Kapitel 2 dieses Buches befaßt sich nur mit einigen der wichtigsten Funktionen von ArcView, behandelt sie jedoch nicht erschöpfend. ArcView Anwender sollten daher das Online-Hilfesystem von ArcView oder das Handbuch „Einführung in ArcView" als zusätzliche Informationsquelle benutzen.

Das Menü „Hilfe"
Um einen zentralen Einstieg in das Hilfesystem von ArcView zu erhalten, öffnen Sie das Menü „Hilfe" und wählen den Menüpunkt „Inhalt". Hier finden sie Informationen über die Komponenten und Befehle von ArcView und schrittweise Anweisungen, die Sie durch spezifische Aufgaben führen.

Kontextbezogene Hilfe
Die kontextbezogene Hilfe ermöglicht Ihnen, Informationen direkt zu erlangen, ohne im Hilfesystem blättern zu müssen. Es gibt zwei Möglichkeiten die kontextbezogene Hilfe aufzurufen:

Taste F1
Drücken Sie F1, um das Thema über das geöffnete Dialogfenster oder das aktive Dialogfeld anzeigen zu lassen.

Schaltfläche „Hilfe"

 Wenn Sie auf diese Schaltfläche klicken, verändert sich der Mauszeiger zu einem Fragezeichen. Wenn Sie nun auf einen Menüpunkt, eine Schaltfläche, ein Werkzeug oder ein Dokument klicken, wird die entsprechende Seite im Hilfesystem geöffnet.

Glossar - Schlagwort-Verzeichnis

Bestimmte Schlagworte werden in der Hilfe noch einmal kurz erläutert. Solche Begriffe erkennen Sie daran, daß sie grün und punktiert unterstrichen sind. Wenn Sie den Mauszeiger darauf bewegen, erscheint eine Hand. Klicken Sie auf das Wort, dann wird ein zusätzliches Fenster mit der Erläuterung eingeblendet.

Verwandte Sachgebiete - Querverweise

Wenn Sie sich gerade über ein Themengebiet in der Hilfe informieren, dann werden Sie oft auch Wörter bzw. Sätze finden, die grün und voll unterstrichen dargestellt sind. Der Mauszeiger verhält sich genau wie bei den Schlagwörtern. Klicken Sie auf einen so gekennzeichneten Text, dann "springen" Sie zu dem Thema, das durch den grünen Text kurz beschrieben wurde. So können Sie sich schnell von einem Thema zum anderen bewegen und Unklarheiten in der Beschreibung durch genauere, umfangreichere Informationen beseitigen.

Suche

Die Suche nach einem Schlagwort ist eine weitere schnelle Möglichkeit, mehr Informationen über ein Sachgebiet zu erhalten. Sachgebiete werden durch Schlüsselwörter indiziert, so daß bereits die Eingabe des Wortstammes für die Suche ausreicht.

Literatur

ASHDOWN, M., SCHALLER, J. (1990): Geographische Informationssysteme und ihre Anwendung in MAB-Projekten, Ökosystemforschung und Umweltbeobachtung. (MAB-Mitteilungen 34). Hrsg. Deutsches Nationalkomitee MAB, Bonn 1990.

BILL, R., FRITSCH, D. (1991): Grundlagen der Geoinformationssysteme. Bd. 1: Hardware, Software und Daten. Karlsruhe, 1991.

BUHMANN, E., WIESEL, J. (1996): GIS Report '96: Software, Daten, Firmen. Wichmann Verlag Heidelberg, 1996.

ESRI (Environmental Systems Research Institute), (1991): Understanding GIS. Redlands, Cal./USA.

ESRI (Environmental Systems Research Institute), (1993): Schulung - Kursunterlagen. Kranzberg.

ESRI (Environmental Systems Research Institute), (1994): ArcView. The Geographic Information System for Everyone. Einführung in ArcView. Redlands, Cal./USA.

ESRI (Environmental Systems Research Institute), (1994): Introduction to ArcView. Two-Day course notebook with exercises and training data. Redlands, Cal./USA.

ESRI (Environmental Systems Research Institute), (1994-1995): Programming with Avenue. Three-Day course notebook with exercises and training data. Redlands, Cal./USA.

ESRI (Environmental Systems Research Institute), (1995): Desktop GIS. Featuring ArcView. The Geographic Information System for Everyone. Redlands, Cal./USA.

FABOS, J. G., CASWELL, S. J. (1977): Composite Landscape assessment: Metropolitan Landscape planning model (METLAND), Massachusetts (1991): Agricultural Experimental Station, University of Massachusetts Amherst, Research Bulletin 637.

GEOINFORMATION INTERNATIONAL (1996): Getting to know ArcView. New York, USA.

HUTCHINSON, S., DANIEL, L. (1995): Inside ArcView. Onword Press. Santa Fe, USA.

MAGUIRE, D., GOODCHILD, M. F., RHIND, D. W. (Hrsg.) (1991): Geographical Informations Systems. Principles and Applications. Longman Scientific and Technical Essex, England.

McHARG, I. L. (1969): Design with Nature. New York, 1969.

PFAFF-SCHLEY, H., SCHIMMELPFENG, L. (Hrsg.) (1994): EDV-Einsatz in Umweltschutz und Landschaftsplanung. Datengrundlagen-Landschaftsplanung-Abfallentsorgung-Integration. Springer Verlag, Berlin, Heidelberg.

SCHALLER, J. (1995): Geographische Informationssysteme - Landschafts- und Umweltinformationssysteme. In: BUCHWALD/ENGELHARD: Bewertung und Planung im Umweltschutz. Economia-Verlag, Bonn.

STEINITZ, C. (1993): Geographical Informations Systems: A Personal Historical perspective. The framework of a recent Project and some Questions for the future, Harvard University Graduate School of Design, Cambridge, Massachusetts, Paper presented at the European Conference on Geographic Informations Systems, Genua/Italy, March 30, 1993.

3 Übungsbeispiele
UMWELTPLANUNG

Neithard Müller

Lektion 1: **Gewässergüte**

Steckbrief	
GIS-Themen	– Verknüpfung von Geometrie- und Sachdaten – Auswertung thematischer Ebenen – Verknüpfung von Linien und Flächenelementen
ArcView-Funktionen	– Abfrage von Datenbankinformationen – Darstellung von Ergebnissen – (Auswahl von Teilgebieten) – Darstellen von Verschnittflächen
Anwender	– Wasserwirtschaft
Datenquellen	– Gemeinde- und Kreisgrenzen sowie Verlauf des Neckars. – Kartengrundlage der topographischen Daten: Gemeinde- und Kreiskarte von Baden-Württemberg. Mit Erlaubnis des Landesvermessungsamtes Baden-Württemberg vom 19.08.93 Az.: 5.14-D/142 – Einzugsgebiet des Neckars und Gewässerkundliches Flächenverzeichnis: – Räumliches Informations- und Planungssystem (RIPS). Landesanstalt für Umweltschutz Baden-Württemberg.

Autor:

Dr.-Ing. Neithard Müller, Jahrgang 1961, studierte Bauingenieurwesen an der Universität Karlsruhe (TH) mit Schwerpunkt Wasserbau, später berufsbegleitend Betriebswirtschaft an der Verwaltungs- und Wirtschaftsakademie in Freiburg; einjährige Auslandsaufenthalte in USA und Frankreich; Mitarbeiter am Institut für Siedlungswasserwirtschaft der Universität Karlsruhe (TH); seit 1990 Mitglied im Arbeitskreis „Mathematische Flußgebietsmodelle" des Umweltbundesministers; Promotion 1994; seit 1994 Mitarbeiter der Weber-Ingenieure Pforzheim GmbH, einem unabhängigen Planungs- und Beratungsbüro mit Schwerpunkten im vorbeugenden und reparierenden Umweltschutz, Projektleiter Abteilung Abwasserreinigung und Wasserversorgung. Weber-Ingenieure Pforzheim GmbH, Bauschlotter Straße 62, D-75177 Pforzheim.

Der Buchbeitrag basiert auf einem vom Bundesminister für Forschung und Technologie finanzierten Forschungsvorhaben: „Erstellen eines allgemein verfügbaren Gewässergütemodells" (Förderkennzeichen WA9103/1).

Einführung

Die Reinhaltung des Wassers zählt neben der mengenmäßigen Erfassung und Regulierung des Wasserkreislaufes zu den wichtigsten Aufgaben der Wasserwirtschaft. Die Gewässergütemodellierung von fließenden Gewässern stellt eines der wichtigen wasserwirtschaftlichen Planungsinstrumentarien dar und dient als Entscheidungsunterstützung für Politiker.

In den letzten Jahren war auf diesem Gebiet aber ein eher nachlassendes Interesse festzustellen. Das resultierte im wesentlichen daraus, daß für die bisher praktizierte Gewässergütemodellierung sehr viele Informationen notwendig sind, und die Modelle mit sich weiterentwickelndem Wissensstand immer komplizierter und, was den Datenbestand angeht, immer anspruchsvoller werden. Trotzdem können nicht alle Aspekte mit hinreichender Genauigkeit modelliert werden, teilweise sind für bestimmte Gewässer die relevanten Prozesse gar nicht nachvollziehbar.

Mit zunehmender Anzahl von berücksichtigten Gewässereigenschaften steigt der zur Anwendung eines Gewässergütemodells notwendige Aufwand zur Datenbeschaffung. Viele Gewässergütemodelle können dabei nur punktförmige Einleitungen, sogenannte Punktquellen verwenden, um die gewässergütebeeinflussenden Belastungen zu beschreiben. Das bedeutet gleichzeitig, daß keine diffusen Quellen, also aus der Fläche in das Gewässer eintretende Stoffe, berücksichtigt werden können. Diese Beschränkung war am Anfang der Gewässergütemodellierung kein Problem. Damals waren die Auswirkungen der punktuellen Einleitungen, insbesondere der Kläranlagenabläufe oder gar der ungeklärten Kanalisationsabläufe, so dominierend, daß andere Probleme in den Hintergrund gestellt wurden. Als Endergebnis trat verbreitet Fischsterben auf.

Mit zunehmender Verringerung der organischen Belastungen aus punktuellen Quellen, z.B. infolge verbesserter Abwasserreinigung, wurden aber andere Schadstoffe als die bis dahin betrachteten sauerstoffzehrenden Stoffe interessant. Gleichzeitig ist auch der Einfluß der diffusen Quellen gestiegen.

Wenn Wirkungspfade bekannt sind, muß ein Modellanwender die existierenden diffusen Belastungen, die in aller Regel aus den Flächen um das Gewässer herum entstehen, durch künstliche Punktquellen ersetzen. Das muß so erfolgen, daß die Auswirkungen der flächenhaften Belastungen ausreichend genau repräsentiert werden. Dazu notwendige Kenntnisse fehlen besonders häufig bei sozioökonomischen Einflüssen und allgemein bei Einflüssen, die sich auf flächenbasierte Informationen beziehen. Will man flächenhafte Einflüsse berücksichtigen, wird man nicht umhinkommen, geomorphologische und pedologische als auch meteorologische Daten mitzuverwenden.

Zur Verwaltung der benötigten Flächen- und Liniendaten bietet sich die Verwendung von GIS an. Für die Kontrolle und Plausibilitätsprüfung der Datenverarbeitung ist die grafische Darstellung unabdingbar, wozu sich ArcView wegen der unkomplizierten Bedienung anbietet.

Aufgabenstellung

Frei nach dem Motto „ein Bild sagt mehr als tausend Worte" können das Wissen und die Erfahrung von Experten, durch Darstellung von räumlichen Verteilungen ausgewählter Einflüsse im Einzugsgebiet eines Gewässers, in Zusammenhang mit bestimmten Eigenschaften des Gewässers gebracht werden, auch wenn die genauen Zusammenhänge, insbesondere nicht bekannt sind.

Am Beispiel der landwirtschaftlichen Aktivität im Einzugsgebiet, auf den Phosphorgehalt, soll der Einfluß des Neckars festgestellt werden. Dazu ist man auf die Anwendung mathematischer Modelle angewiesen. Es ergibt sich dann die Möglichkeit, das Ausmaß verschiedener Einflüsse pauschal, also ohne Betrachtung der im einzelnen ablaufenden Teilprozesse, zu bewerten. Für ein entsprechendes statistisches Modell müssen die entsprechenden Daten aufbereitet werden. Wegen des flächenhaften Charakters der Daten müssen die räumlichen Zusammenhänge berücksichtigt werden. Damit der

Datenaufwand für ein entsprechendes Bewertungsmodell nicht zu groß wird, muß das betrachtete Gebiet reduziert werden.

Datensituation

Für den ersten Teil werden Daten über den Phosphorgehalt des Neckars verwendet. Diese Daten sind aus Messungen an bestimmten Gütemeßstellen gewonnen worden. Die Darstellung des Flußverlaufs wird über eine aus topographischen Karten digitalisierte Linie vorgenommen. Da Qualitätsmessungen nur an bestimmten Stellen vorgenommen werden, muß eine Annahme über den Verlauf der Konzentrationen dazwischen getroffen werden. Das verwendete Thema enthält Arcs mit Längen von maximal 1000 m mit je einem Attributwert für die Phosphorkonzentration.

Außerdem werden Qualitätsinformationen verwendet, die aus der Gewässergütekarte der Länderarbeitsgemeinschaft Wasser (LAWA) entnommen sind. Darin sind die Gewässer in der Bundesrepublik Deutschland nach einem erweiterten Bioindikatoren (= Saprobiensystem) in Gewässergüteklassen eingeteilt. Als Datengrundlage zur Beschreibung der Situation im Einzugsgebiet wurden sozioökonomische Angaben aus dem Statistischen Taschenbuch für Baden-Württemberg verwendet. Diese sind auf Landkreise bezogen und wurden zur räumlichen Abtrennung mit den Grenzen der Landkreise in Baden-Württemberg verknüpft. Als Grundlage für die Digitalisierung diente die Gemeinde- und Kreiskarte von Baden-Württemberg im Maßstab 1:350.000.

Für eine genauere Betrachtung ist die räumliche Auflösung der Landkreise zu grob. Daher sollte eine Beschreibung der Situation auf der Basis von Gemeindegrenzen erfolgen. Die zugehörigen Daten über die Nutzung und den Zustand der Flächen oder andere sozioökonomischen Informationen können in Baden-Württemberg aus der vom Statistischen Landesamt betriebenen Datenbank Landesinformationssystem (LIS) entnommen werden. Als Beispiel für meteorologische Daten wurde die Verteilung des langjährigen Niederschlages verwendet. Diese wurde auf der Grundlage des Hydrologischen Atlasses digitalisiert, in dem auch relevante geomorphologische und bodenkundliche Daten enthalten sind.

Um die Topographie des Einzugsgebietes zu berücksichtigen, kann ein digitales Geländemodell verwendet werden, was aber bei der Größe des Einzugsgebietes unhandlich ist. Als Ersatz wird das **Gewässerkundliche Flächenverzeichnis** (GKFV) verwendet, das für Baden-Württemberg in digitalisierter Form vorliegt. Es basiert auf Topographischen Karten im Maßstab 1:25.000 und wurde 1975 flächendeckend für die Bundesrepublik Deutschland erstellt. In diesem Kapitel werden die Teile des GKFV verwendet, die zum Einzugsgebiet des Neckars gehören. Das sind 1.005 Gebiete zwischen 6 ha und 12.000 ha.

Beim Start des Projektes wird ein Hauptfenster „Titel-View" präsentiert, das durch Angaben von Thema und Autor und zu verwendeten Daten in den Projektinhalt einführt. Schließen Sie dieses Fenster. Aktivieren Sie dazu das Menü „Weiter...." und wählen Sie den Menüpunkt „Dieses Titel View Schließen". Zur Fortführung des Projektes wird nachfolgend über das Menü „Weiter...." der View „Übersicht" geöffnet (Menüpunkt „Das Nächste View Öffnen"). Das gesamte Untersuchungsgebiet ist in diesem View dargestellt. Zu erkennen ist der Flußverlauf des Neckars und das Landesgebiet Baden-Württembergs mit den Stadt- und Landkreisen.

Handlungsanweisung

1. Das View „Baden-Württemberg" aktivieren (zuerst vorstehendes View schließen - Menü „Weiter....", Menüpunkt „Dieses View Schließen", sodann im Menü „Weiter...." den Menüpunkt „Das Nächste View Öffnen" auswählen).

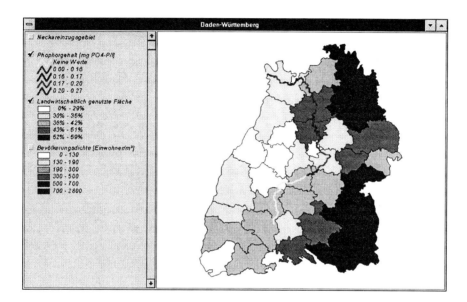

Es ist zu erkennen, daß die größten Phosphatkonzentrationen (tiefrot gefärbt) in einem Bereich auftreten, in dem der Anteil der landwirtschaftlich genutzten Fläche mit 43% bis 51% besonders hoch ist. Die noch stärker landwirtschaftlich genutzten Flächen im Osten Baden-Württembergs unterstützen diese Erkenntnis, wenn man gleichzeitig die Grenze des Neckareinzugsgebietes berücksichtigt.

2. Das Thema Neckareinzugsgebiet durch Aktivieren des Kontrollkästchens sichtbar machen.

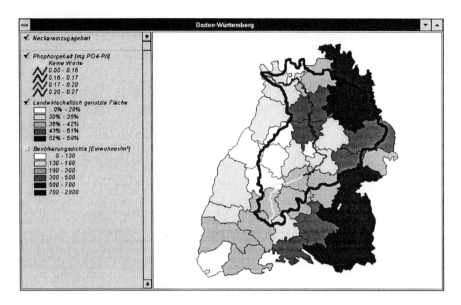

Jetzt wird deutlich, daß die sehr intensiv landwirtschaftlich genutzten Flächen im Südosten Baden-Württembergs nicht zur Belastung des Neckars beitragen, da sie außerhalb des Einzugsgebietes liegen. Die dunkelbraunen Flächen im Nordosten dagegen liegen maßgeblich innerhalb des Einzugsgebietes und verstärken damit die Belastung durch dem Neckar zufließende Nebenflüsse. Allerdings wird auch klar, daß Informationen über den Anteil der landwirtschaftlich genutzten Fläche nicht ausreichen, um die Schwankungen der Phosphatkonzentrationen im Neckar zu erklären. Beispielsweise erfolgt im Kreis Heilbronn eine Verringerung, im Neckar-Odenwald-Kreis eine Erhöhung der Phosphorbelastung.

3. Durch Aktivieren des Themas „Bevölkerungsdichte" (gleichzeitig deaktivieren des Themes „Landwirtschaftlich genutzte Fläche") kann überprüft werden, ob die spezifische Anzahl der Einwohner relevant für den mittleren Phosphatgehalt im Neckar ist.

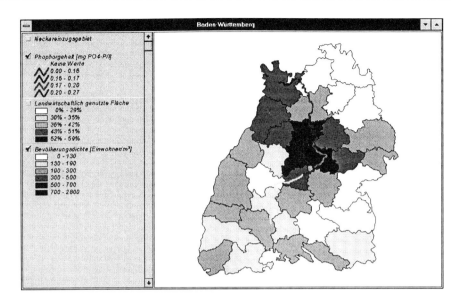

Es ist offensichtlich so, daß auch die Bevölkerungsdichte der Kreise, durch die der Neckar fließt, einen Einfluß auf die Phosphatkonzentration hat. Daß die Konzentrationen flußabwärts, von besonders stark bevölkerten Kreisen, besonders hoch sind, kann so erklärt werden, daß die kommunalen und teilweise auch die industriellen Abwässer häufig weiter unterhalb der eigentlichen Siedlungen gereinigt und erst dann in die Gewässer eingeleitet werden.

Es zeigt sich, daß die Kreise das Einzugsgebiet zu grob unterteilen, um ausreichend genaue Aussagen zu treffen und auch keine ausreichende Berücksichtigung der Topographie möglich ist. Im folgenden wird dargestellt, wie mit ArcView die Datenaufbereitung durchgeführt werden kann, um ein statistisches Modell anzuwenden, das viele verschiedene Einflußgrößen berücksichtigt und eine Rangfolge der Auswirkungen auf die Wasserqualität ermittelt. Zur Berücksichtigung der Topologie wird das GKFV verwendet. Im View „Einzugsgebiet des Neckars" ist das untergliederte Einzugsgebiet, der Neckar und seine Nebenflüsse Elsenz, Jagst, Kocher, Enz, Fils, Murr und Rems enthalten.

4. Das View „Einzugsgebiet des Neckars" öffnen (Menü „Weiter....", Menüpunkt „Dieses View Schließen", anschließend Menü „Weiter....", Menüpunkt „Das Nächste View Öffnen").

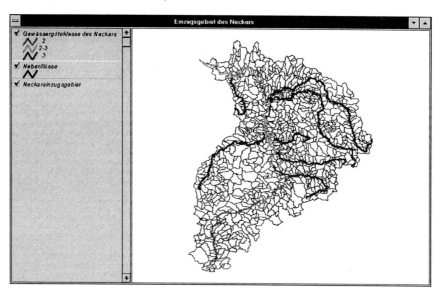

5. Das zu berücksichtigende Einzugsgebiet soll möglichst ohne Informationsverlust verkleinert werden. Dazu werden alle Flüsse, deren mittlerer Abfluß am Mündungspunkt weniger als 10% des mittleren Abflusses des Neckars beträgt, als Punktquellen berücksichtigt. Es handelt sich um die Gewässer Steinlach, Ammer, Echaz, Erms, Aich, Lauter, Fils, Rems, Murr, Enz, Kocher und Jagst. Zunächst werden die Teileinzugsgebiete der dargestellten Nebenflüsse aus dem Gesamtgebiet durch Anklicken des Themas „Neckareinzugsgebiet" in der Legende aktiviert. Dann wird die rechts abgebildete „Abfrage-Manager" Schaltfläche verwendet, mit der eine Auswahlmaske aktiviert wird.

Im Feld für die Bedingung soll ein Ausdruck (Term) stehen, der die Flußgebiete von Elsenz, Jagst, Kocher, Enz, Fils, Murr und Rems beschreibt. Dazu wird die als Attribut „Kennz" gespeicherte Einzugsgebietsnummer verwendet.

In der folgenden Tabelle sind die Einzugsgebietsnummern dieser Gewässer aufgelistet (x steht für beliebige Ziffern):

Elsenz	Jagst	Kocher	Enz	Murr	Rems	Fils
23898xx	2388xxx	2386xxx	2384xxx	23838xx	23836xx	2382xxx

6. Um die entsprechenden Flußgebiete auszuwählen, wird der folgende Term durch Auswahl und Anklicken der entsprechenden Symbole im Abfrage-Manager bzw. durch manuelle Eingabe erstellt (auf die korrekte Klammersetzung ist zu achten!).

(([Kennz] >= 2389800) and ([Kennz] < 2389900)) or
(([Kennz] >= 2388000) and ([Kennz] < 2389000)) or
(([Kennz] >= 2386000) and ([Kennz] < 2387000)) or
(([Kennz] >= 2384000) and ([Kennz] < 2385000)) or
(([Kennz] >= 2383800) and ([Kennz] < 2383900)) or
(([Kennz] >= 2383600) and ([Kennz] < 2383700)) or
(([Kennz] >= 2382000) and ([Kennz] < 2383000))

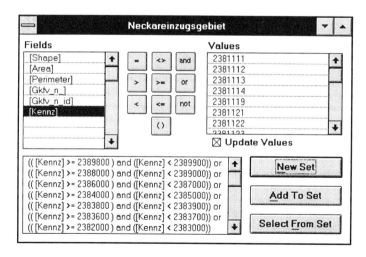

Anschließend müssen Sie noch den Schalter „Neue Auswahl" bestätigen. Als Resultat wird das Einzugsgebiet der Nebenflüsse gelb eingefärbt.

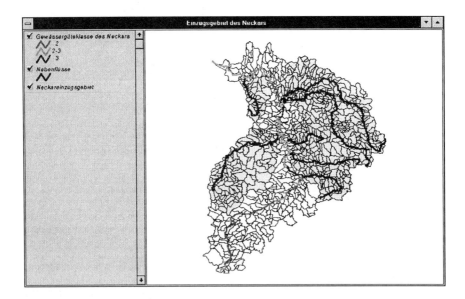

7. In einem zweiten Schritt werden die restlichen Nebenflüsse zur Auswahl hinzugefügt: Steinlach, Ammer, Echaz, Erms, Aich, Lauter. Außerdem wird noch der Teil des Neckareinzugsgebietes unterhalb des Rohrgrabens und oberhalb der Bühlertalbachmündung angehängt, der für die Betrachtung nicht interessant ist, da sich in diesen Abschnitten die Gewässergüte nicht mehr ändert („Auswahl erweitern").

(([Kennz] >= 2381940) and ([Kennz] < 2381950)) or
(([Kennz] >= 2381760) and ([Kennz] < 2381770)) or
(([Kennz] >= 2381720) and ([Kennz] < 2381730)) or
(([Kennz] >= 2381800) and ([Kennz] < 2381900)) or
(([Kennz] >= 2381600) and ([Kennz] < 2381700)) or
(([Kennz] >= 2381580) and ([Kennz] < 2381590)) or
([Kennz] >= 2389120) or ([Kennz] < 2381570)

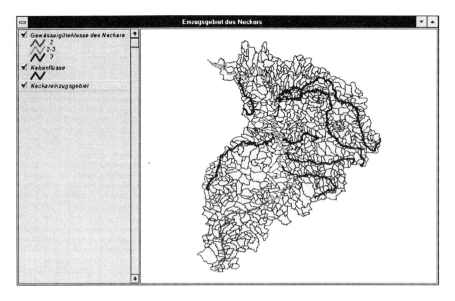

Das restliche Teilgebiet wird nun weiter aufbereitet. Damit nicht das gesamte Gebiet mitbearbeitet werden muß, wurde es für die Übungsdatenbasis mit dem GIS PC ARC/INFO „ausgestanzt" (View „Untersuchungsgebiet" - Aktivieren).

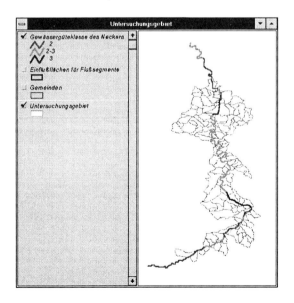

Die Teileinzugsflächen werden nun so zusammengefaßt, daß sie Flußsegmente, auf denen sich die Gewässergüte nicht ändert, einschließen. Eine Einflußfläche wird also durch eine Stelle bestimmt, an der ein wegen seiner Größe als Punktquelle berücksichtigter Nebenfluß in den Neckar mündet (Abb. A) oder an der eine Ände-

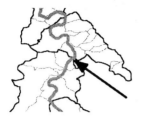 

Abb. A Abb. B

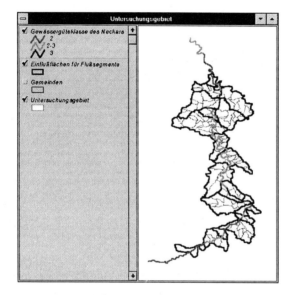

rung der Gewässergüteklasse auftritt (Abb. B). Die Zusammenfassung gelingt meist nur näherungsweise, weil die Stellen, an denen eine Änderung der Gewässergüte auftritt, nicht mit Teileinzugsgebietsgrenzen zusammenfallen. Das Ergebnis ist im Thema „Einflußflächen für Flußsegmente" enthalten.

 Bei der Zusammenfassung für die Einflußflächen eines Segmentes ist die Info-Funktion von ArcView hilfreich. Nachdem das Thema „Untersuchungsgebiet" aktiv gemacht und der entsprechende Schalter „identifizieren" angeklickt wurde, können im sich öffnenden Fenster die Werte der Attribute des aktiven Themas, also beispielsweise die Gebietskennummer der Teileinzugsgebietsflächen abgelesen werden.

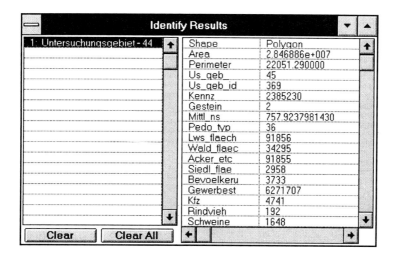

Ergebnisse und weitere Übungsvorschläge

Versuchen Sie selbst eine entsprechende Zusammensetzung zu erreichen, indem Sie mit dem Abfrage-Manager entsprechende Flächen durch einfärben sichtbar machen. In der Vollversion des Programmes könnten Sie zur Vereinfachung ein neues Feld anfügen, das dann eine gemeinsame Kennung für die zusammenzufügenden Teile erhalten würde.

Den Einzugsgebietsflächen wurden Attributwerte zugeordnet. Diese werden mit den entsprechenden Werten für die Gewässergüteklassen einem statistischen Modell als Eingangsdatensatz übergeben. Das Modell ermittelt daraus die wichtigsten Einflußgrößen für die Gewässergüte. In der nachfolgenden Liste sind die 14 Einflußgrößen mit den stärksten Auswirkungen in abnehmender Wichtigkeit sortiert:

- Mittlere Zuflußmenge der Nebenflüsse
- Mittlerer Niederschlag
- Schweinebestand
- Neckarabschnittslänge
- Gewerbesteuer
- Zuflußqualität der Nebenflüsse (Gewässergüteklasse)

- Landwirtschaftlich genutzte Fläche
- Gesteinsart
- Fracht an Ammonium-Stickstoff (in behandeltem Abwasser)
- Rinderbestand insgesamt
- Mittlere Wasserspiegelneigung
- Betriebsfläche insgesamt
- Gesamtvolumen Regenklär- und Regenüberlaufbecken
- Pedologietyp (Bodentyp)

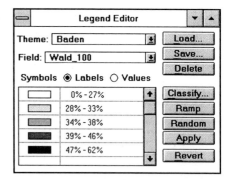

Fügen Sie im bereits bekannten View „Baden-Württemberg", der nochmal aktiviert wird, zwei Themen aus dem Verzeichnis „Baden" hinzu, eines zur Darstellung der Waldflächen und eines für die Verkehrsdichte (Betätigen der „Thema hinzufügen" Schaltfläche). Das Einfärben erfolgt nach den Feldern „Wald_100" bzw. „Verkehr". Für das Thema „Wald" ist eine Farbpalette (wald.avl) beigefügt, die durch Aktivieren des Schalters „Laden ..." verwendet werden kann - anschließend „Anwenden" ausführen. Beurteilen Sie anhand der Darstellung, ob der Phosphatgehalt im Neckar maßgeblich durch diese Flächenattribute erklärt werden kann.

Fügen Sie anschließend ein Thema hinzu, um den Verlauf der Nitratkonzentrationen im Neckar darzustellen und eine Beeinflussung aus den Flächennutzungen zu erkennen (Verzeichnis „N"). Auch hierfür ist eine Farbpalette (no3-n.avl) vorhanden.

Literatur

HAHN, HERMANN H.; MÜLLER, NEITHARD (1994): Modellrechnungen in der Wassergütewirtschaft. In: Abwassertechnische Vereinigung: ATV-Handbuch. Planung der Kanalisation, 4. Auflage, Berlin: Ernst.

KELLER, R. (1978): Hydrologischer Atlas der Bundesrepublik Deutschland; Deutsche Forschungsgemeinschaft; Karten und Erläuterungen. Boppard: Boldt.

LÄNDERARBEITSGEMEINSCHAFT WASSER (LAWA) (1991): Die Gewässergütekarte der Bundesrepublik Deutschland 1990. Berlin.

LANDESVERMESSUNGSAMT BADEN-WÜRTTEMBERG (1989): Gemeinde- und Kreiskarte von Baden-Württemberg 1:350 000.

MINISTERIUM FÜR ERNÄHRUNG, LANDWIRTSCHAFT UND UMWELT BADEN-WÜRTTEMBERG (1975): Gewässerkundliches Flächenverzeichnis des Landes Baden-Württemberg, Band I-III.

MÜLLER, NEITHARD (1994): Gewässergütemodellierung von Fließgewässern unter Berücksichtigung qualitativer, quantitativer, flächenhafter und sozioökonomischer Informationen. Schriftenreihe des Instituts für Siedlungswasserwirtschaft, Universität Karlsruhe (TH), Band 70.

MÜLLER, NEITHARD; HAHN, HERMANN H.: Neue Aspekte bei der Gewässergütemodellierung von Fließgewässern - Der Übergang von deterministischen zu statistischen Ansätzen zur Beschreibung der Gewässerqualität und von Punktquellenbelastungen zu Flächenbelastungen. Korrespondenz Abwasser, Nr. 3, S.376-386, 1995.

MÜLLER, NEITHARD; HAHN, HERMANN H.: Factors Affecting Water Quality Of (Large) Rivers - Past Experiences And Future Outlook; Part II. In: Novotny, Vladimir; Somlyódy László (ed.): Remediation and management of degraded river basins. Nato ASI Series, Partnership Sub-Series, 2. Environment; Vol. 3, Springer-Verlag Berlin, Heidelberg, 1995, pp. 405-425.

STATISTISCHES LANDESAMT BADEN-WÜRTTEMBERG (1991):
Statistisches Taschenbuch Baden-Württemberg 1990/91. Stuttgart.

STATISTISCHES LANDESAMT BADEN-WÜRTTEMBERG (1993):
Landesinformationssystem - Handbuch.

UMWELTPLANUNG

Heiner Nagel, Ulrich Lange

Lektion 2:   Biotop- und Nutzungstypen

Steckbrief

GIS-Themen	– Räumliche Selektion – Pufferbildung – Statistische Auswertungen
ArcView-Funktionen	– Selektive Darstellung von Themen – Verknüpfen von Tabellen – Analyse räumlicher Datenzusammenhänge – Klassen-Visualisierung – Summenbildung
Anwender	– Landschaftsplanungsbüros – Natur- und Umweltschutzbehörden
Datenquellen	– Biotoptypen- und Nutzungstypendaten Sachsen-Anhalt. Alle Rechte beim Ministerium für Umwelt, Naturschutz und Raumordnung des Landes Sachsen-Anhalt. – Katalog der Biotoptypen und Nutzungstypen für die CIR-luftbildgestützte Biotoptypen- und Nutzungstypenkartierung im Land Sachsen-Anhalt. Bearbeiter: Jens Peterson, Ute Langner. Berichte des Landesamtes für Umweltschutz Sachsen-Anhalt, 1992 - Heft 4.

Autoren:

Dr. Ulrich Lange, Jahrgang 1958; studierte Biologie an der Martin-Luther-Universität Halle mit dem Schwerpunkt Tierökologie, war seit 1984 wissenschaftlicher Mitarbeiter im Institut für Landschaftsforschung und Naturschutz in Halle und ist seit 1991 in der Abteilung Naturschutz des Landesamtes für Umweltschutz Sachsen-Anhalt tätig.

Dipl.-Biol. Heiner Nagel, Jahrgang 1962; studierte 1982-87 Biologie am Lehrstuhl für Allgemeine Ökologie und Hydrobiologie der Lomonossow-Universität Moskau (Rußland). 1987-91 war er wissenschaftlicher Mitarbeiter im Institut für Landschaftsforschung und Naturschutz in Halle. Seit 1991 betreut er als Mitarbeiter des Landesamtes für Umweltschutz Sachsen-Anhalt die GIS-Anwendungen im Fachbereich Naturschutz.

Einführung

Die Landschaft Mitteleuropas ist einem sehr starken Nutzungsdruck ausgesetzt. Durch den hohen Grad der Industrialisierung und durch die intensive land- und forstwirtschaftliche Nutzung gibt es kaum noch Lebensräume, die nicht durch die Tätigkeit des Menschen beeinflußt wurden. In Jahrhunderte währender historischer Entwicklung ist eine Kulturlandschaft entstanden, die sowohl Reste natürlicher Lebensräume und Zeugnisse historischer Nutzungsformen umfaßt, als auch ein Abbild der heutigen Nutzungen ist. Diese Kulturlandschaft ist weiterem stetigen Wandel ausgesetzt. Besonders wertvolle Naturräume und Landschaftsbestandteile konnten jedoch vor einer nachteiligen Veränderung oder Zerstörung bewahrt werden, indem sie beispielsweise als Naturschutzgebiete ausgewiesen wurden. Doch auch außerhalb von Schutzgebieten gibt es eine Vielzahl wertvoller Biotope, die das Bild einer Landschaft prägen und von nicht zu unterschätzender Bedeutung für die Lebensqualität des Menschen sind. Diese Flächen gilt es, bei weiteren Eingriffen in Natur und Landschaft zu schonen.

Dies aber setzt genaue Kenntnis über deren Lage und deren Wechselbeziehungen innerhalb unserer Kulturlandschaft voraus. Kenntnisse, die bei der Planung landschaftsverändernder Maßnahmen unbedingt berücksichtigt werden müssen. Flächendeckend lassen sich Informationen über Lage und Verteilung von Biotop- und Nutzungstypen (BTNT) am effektivsten mit Hilfe von Luftbildern erlangen. Die Luftbilder werden mit entsprechender fachlicher Kenntnis und Geländereferenz interpretiert und die erkannten Biotope und Nutzungen in einer Karte dargestellt. Die entstandene Biotop- und Nutzungstypenkarte ist eine wichtige Informationsquelle und stellt ein unentbehrliches Arbeitsmittel für die Landschafts- und Umweltplanung dar.

Sollen größere Untersuchungsräume bearbeitet werden oder die Biotop- und Nutzungstypenkarte in Kombination mit anderen raumbezogenen Informationen analysiert werden, so sind der Arbeit mit den auf Papier oder Folie vorliegenden Interpretationsergebnissen bald technische Grenzen gesetzt. Mit einem Desktop-GIS, wie ArcView, kann die Landschaftsstruktur visualisiert werden und es ist möglich, beispielsweise die Folgen von Eingriffen in Natur und Landschaft zu beurteilen.

Am Beispiel einer fiktiven Trassenplanung für eine Ortsumgehungsstraße soll die Verwendung der digitalen Biotop- und Nutzungstypenkarte für die Beurteilung von Eingriffen gezeigt werden.

Aufgabenstellung

Zum Vergleich zweier Trassenvarianten A und B soll ermittelt werden:

- **Welche Flächen sind bei jeder Variante betroffen?**
- **Welchen Wert haben die betroffenen Flächen für die Landschaft?**
- **Wie groß ist die Gesamtfläche aller betroffenen Flächen, aufgeschlüsselt nach ihrem Wert?**

Als betroffene Flächen sollen alle Flächen gelten, die ganz oder teilweise in einem Streifen von 500 Meter Breite zu jeder Seite der geplanten Trasse liegen. Die betroffenen Flächen sollen übersichtlich und differenziert entsprechend ihrer Bewertung in graphischer Form dargestellt werden. Die Flächensummen der betroffenen Flächen jeder Wertstufe sollen in einer Tabelle dargestellt werden.

Datensituation

Für das Planungsgebiet liegen die Ergebnisse der Luftbildinterpretation in digitaler Form als Biotop- und Nutzungstypenkarte vor. Die geplanten Trassenvarianten sind ebenfalls als digitale Karte vorhanden.

Die **Bewertung** der Biotop- und Nutzungstypen erfordert umfangreiche ökologische Fachkenntnisse. Sie ist nicht beliebig übertragbar, sondern muß für jedes Planungsgebiet in Abhängigkeit vom Zustand der Landschaft, ihren ökologischen Gegebenheiten und den planerischen Zielvorstellungen neu erarbeitet werden. Eine solche Bewertung wurde für das Planungsgebiet bereits vorgenommen. Eine vollständige Liste der Biotoptypen und Nutzungstypen mit der zugehörigen Bewertung enthält die Datei wert.dbf.

a) Biotop- und Nutzungstypenkarte (BTNT-Karte)

Der Code für die differenzierten Biotop- und Nutzungstypen befindet sich in der Spalte 'BTNT'. Der Wert des Biotoptyps bzw. Nutzungstyps für die Funktion der Landschaft ist dabei in einer fünfstufigen Rangskala angegeben. Er ist in der Spalte 'Wert' zu finden. Flächen von geringerer Bedeutung erhalten den Wert 5, Flächen mit sehr hohem Naturschutzwert den Wert 1.

Biotoptyp/Nutzungstyp	BTNT	Wert
Laubwald-Reinbestand	WL	1
Laubmischwald	WU	1
Mischwald	WM	3
Nadelmischwald	WE	3
Nadelwald-Reinbestand	WN	3
Trockenwald	WT	1
Bruch-, Sumpfwald (Feuchtwald)	WF	1
Auwald	WA	1
Schluchtwald	WS	1
Wald (Aufforstung/Dickung)	W#	4
Streuobstwiese	HS	2
Baumgruppe	HG	3
Hecke	HH	3
Gebüsch	HU	3
Baumreihe	HR	3
Grünland	KG	2
Magerrasen	KM	2
Staudenflur	KS	4
Acker	AA	4

Erwerbsgartenbau	AG	4
Bebauung im Siedlungs- und Außenbereich	BS	5
Verkehrsfläche	BV	5
Grünfläche	BG	3
Vegetationsfreie Fläche naturnah	FN	1
Vegetationsfreie Fläche anthropogen	FA	4
Stillgewässer < 1ha naturnah (Kleingewässer)	GK	1
Stillgewässer < 1ha anthropogen (Teich)	GT	2
Stillgewässer > 1ha anthropogen	GA	2

b) Planungskarte der Trassenvarianten

Die zu den möglichen Varianten A bzw. B zugehörigen Linien sind in den Spalten Var_A und Var_B jeweils mit "x" oder "-" bezeichnet.

Linie gehört zu	Var_A	Var_B
beiden Varianten	x	x
Variante A	x	-
Variante B	-	x

Handlungsanweisung

a) Betroffene Flächen ermitteln

1. View 'Variante A' öffnen

2. Reduzierung des Themas „Trassen" auf die Trassenvariante A

- Aktivieren des Themas „Trassen"
- Anwählen der Funktion („Thema Eigenschaften") im Menü „Thema"
- Änderung des Themennamens in „Trasse A"
- Anlegen einer Themendefinition mit dem Ausdruck ([Var_a] = „x") durch Anklicken der entsprechenden Felder im Abfrage-Manager

Biotop- und Nutzungstypen 71

- Einfügen eines Kommentars.

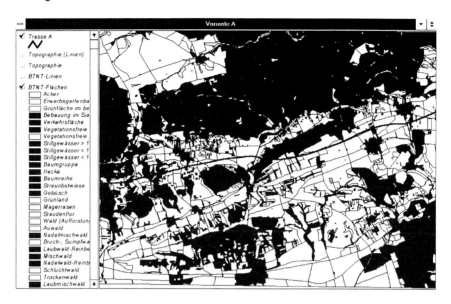

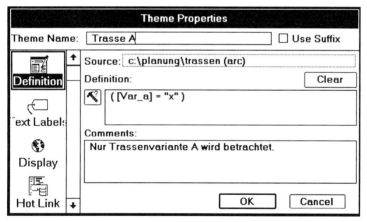

3. Selektion aller betroffenen Flächen im Thema „BTNT-Flächen" mit Mausklick auf Legenden Text BTNT

- Aktivieren des Themas „BTNT-Flächen"
- Anwählen der Funktion „Thema analysieren" im Menü „Thema"

- Einstellen der Option „sich in Reichweite befinden" des Themas „Trasse A" mit der Suchdistanz „500 m"
- Durchführen der Selektion durch Drücken der Taste „Neue Auswahl"

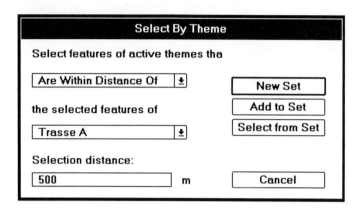

Alle betroffenen Flächen erscheinen zunächst in der Selektionsfarbe (weiß). Dieser Selektionsvorgang ist recht aufwendig und kann einige Zeit dauern.

4. Darstellung der betroffenen Flächen

- Aktivieren der Tabelle „Attributes of BTNT-Flächen" mit der Schaltfläche „Thementabelle öffnen"
- Selektion aller nicht betroffenen Flächen mit der Schaltfläche „Auswahl umkehren"
- Aktivieren des View „Variante A"

Im Ergebnis sind nur noch die betroffenen Flächen farbig differenziert dargestellt, alle anderen Flächen sind durch die Selektionsfarbe maskiert.

b) Betroffene Flächen nach ihrem Wert differenziert darstellen

1. Thema „BTNT-Flächen" mit der Tabelle „wert.dbf" verknüpfen

Die Tabelle „wert.dbf" enthält die Wertzuordnungen für alle Biotoptypen und Nutzungstypen. Für eine Bewertung der ausgewählten BTNT-Flächen muß sie mit diesem Thema verknüpft werden.

- Aktivieren des Projektfensters
- Öffnen der Tabelle „wert.dbf" und Markieren der Spalte „BTNT", die als gemeinsamer Schlüssel in beiden Tabellen vorkommt
- Öffnen der Tabelle „Attributes of BTNT-Flächen" und Markieren der Spalte „BTNT"
- Verknüpfen der Tabellen mit Hilfe der Schaltfläche „Verbinden"

Bitte beachten Sie die richtige Reihenfolge bei der Markierung der Spalte „BTNT" in den Tabellen. Nach der Verknüpfung verschwindet die Tabelle „wert.dbf" vom Bildschirm. Ihr Inhalt ist jetzt an die Tabelle „Attributes of BTNT-Flächen" angefügt.

2. Legende editieren

- View „Variante A" aktivieren
- Thema „BTNT-Flächen" aktivieren
- Öffnen des Legenden-Editor durch Drücken der Schaltfläche „Legende bearbeiten..."
- Im Legenden-Editor das Feld „Wert" auswählen

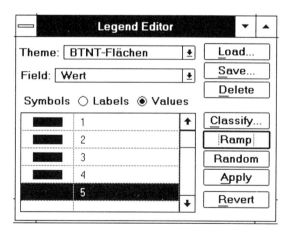

- durch Drücken der Taste „Klassifizierung" das Klassifizierungsmenü aktivieren und „Einzelwert" wählen

- im Legenden-Editor durch Doppelklick auf die Farben der Klassen 1 und 5 eine dem Wert der Flächen angemessene Farbskala festlegen (z.B. von rot bis blau) und mit der Taste „Farbverlauf" aktivieren
- Legendeneditierung mit der Taste „Anwenden" abschließen

Im Ergebnis sind die betroffenen Flächen nach ihrem Wert farblich differenziert dargestellt. Alle anderen Flächen sind durch die Selektionsfarbe maskiert.

c) Flächensumme der betroffenen Flächen nach ihrem Wert bilden

1. Umschalten der Selektion auf die betroffenen Flächen

- Aktivieren der Tabelle „Attributes of BTNT" mit der Schaltfläche „Thementabelle öffnen"
- Selektion aller betroffenen Flächen mit der Schaltfläche „Auswahl umkehren"

2. Summieren der betroffenen Flächen nach ihrem Wert

- Auswahl der Spalte „Wert" durch Anklicken des Spaltenkopfes
- Aktivieren des Dialogfenster „Feldstatistik erstellen"' durch Drücken der Schaltfläche „Feldstatistik"
- Auswahl des zu übernehmenden Feldes 'Area' mit der Option 'Summe', dann Drücken der Tasten 'Hinzufügen' und 'OK'.

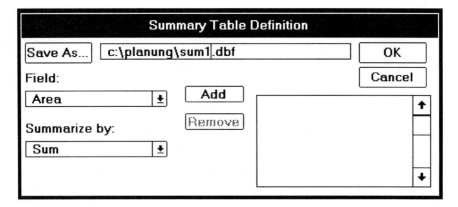

Darstellung der Flächenzahlen und Flächensummen für die einzelnen Wertekategorien in der Tabelle sum1.dbf:

Wert	Count	Sum_Area
1	59	4397204.39
2	144	4135803.16
3	143	1070303.72
4	117	9513766.82
5	53	798909.63

Ergebnisse und weitere Übungsvorschläge

a) Auswertung der Ergebnisse

Die Ergebnisse lassen sich nun anschaulich im View „Variante A" darstellen. Der Planer erhält damit eine schnelle Übersicht über mögliche Konfliktzonen und die Betroffenheit wertvoller Flächen. Die Summe der Flächen, zusammengefaßt nach ihrem Wert, ist in der Tabelle „sum1.dbf" abzulesen. Diese Tabelle gibt Anhaltspunkte über das Ausmaß der zu erwartenden Beeinträchtigung wertvoller Flächen. Die Ergebnisse liefern dem Planer wichtige Kenngrößen für seine weitere Arbeit.

b) Durchführung der Vergleichsuntersuchung

Die gleiche Untersuchung sollte zum Vergleich an der Trassenvariante B mit dem View „Variante B" durchgeführt werden. Führen Sie die notwendigen Schritte zur weiteren Übung bitte selbständig durch.

c) Weitere Vorschläge

1. Die linienförmigen Biotop- und Nutzungstypen sind im Beispiel noch unberücksichtigt geblieben. Sie haben aber, z.B. als Bäche, Hecken oder Alleen, große Bedeutung für die Landschaft. Die Linien sind im Thema „BTNT-Linien" zu finden. Untersuchen Sie, welche Linien betroffen sind. Beachten

Sie dabei, daß jede Linie bis zu drei Biotoptypen oder Nutzungstypen beinhalten kann, die in den Spalten „BTNT", „BTNT2" und „BTNT3" zu finden sind.

2. Es bietet sich an, die Ergebnistabellen in Form von Diagrammen darzustellen und zu vergleichen. Nutzen Sie die Schaltflächen Balken- und Säulendiagramme im Projektfenster.

3. Die Ergebniskarten, -tabellen und -diagramme können zum Vergleich gemeinsam in einem Layout dargestellt werden.

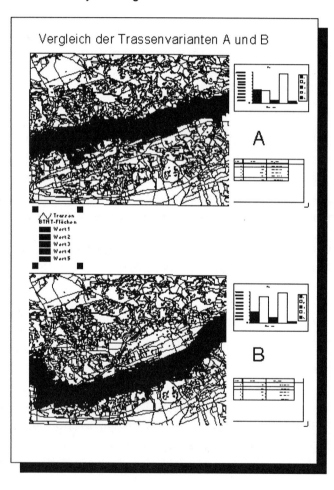

UMWELTPLANUNG

Jutta Formella, Arno Schoppenhorst

Lektion 3: Umweltverträglichkeitsgutachten

Steckbrief	
GIS-Themen	– Verknüpfung von Geometrie- und Sachdaten – räumliche Analyse durch Verschneidung
ArcView-Funktionen	– Tabellenverknüpfung und -abfrage – Feldstatistische Berechnungen – Analyse und Abfrage räumlicher Daten – Erstellung von Geschäftsgrafiken
Anwender	– Planungs- u. Gutachterbüros in den Bereichen Umweltverträglichkeitsstudien u. ökologische Eingriffs-Ausgleichs-Gutachten
Datenquellen	– ÖKOLOGIS (1995): Bremer Industriepark (BIP), Landschaftsökolog. Voruntersuchungen 1993/1994. Unveröff. Gutachten im Auftrag des Planungsamtes Bremen, 390 S. + Anhang. – PLANUNGSAMT BREMEN (1994): Bebauungsplan 2070, digitale Fassung als Entwurf. Copyrigths der Daten/Karten. Es wurden nur selbst erzeugte Daten aus einem abgeschlossenen Gutachten bzw. Daten des Planungsamtes (Bremen) mit Genehmigung des Auftraggebers verwendet.

Autoren:

Dipl.-Geogr. Arno Schoppenhorst, Jahrgang 1961; studierte Geographie an der Universität Münster mit Schwerpunkten in der Landschafts- und Tierökologie; Mitarbeit am Lehrstuhl für Landschaftsökologie (Münster) bzw. bei der Landschaftsökologischen Forschungsstelle Bremen; seit 1992 Inhaber eines Planungs- und Gutachterbüros. ÖKOLOGIS - Umweltanalyse + GIS-Consulting, Brahmsstraße 2, 28209 Bremen.

Dipl.-Ing. Jutta Formella, Jahrgang 1956; studierte Stadt- und Regionalplanung an der Technischen Universität Berlin mit Schwerpunkt Städtebau; anschließend Städtebau-referendariat und Qualifikation als Bauassessorin; seit 1992 beim Planungsamt Bremen, Bereiche Gesamtstadtplanung und Betreuung städtebaulicher Projekte. Senator für das Bauwesen, Planungsamt, Langenstraße 38-42, 28195 Bremen.

Einführung

An Planungen und Maßnahmen zur Verbesserung der Umweltsituation und zur Sicherung landschaftsökologischer Ressourcen werden heute besondere gutachterliche bzw. landschaftsplanerische Anforderungen gestellt. Für die Beurteilung der Umweltverträglichkeit eines Eingriffsvorhabens sind u.a. notwendig:

- eine flächendeckende Erhebung und Beschreibung der kennzeichnenden, wertbestimmenden Gebietspotentiale (Lebensräume, Nutzungen etc.)
- eine vertiefende Analyse der räumlich-funktionalen Zusammenhänge und Vorbelastungen
- eine vollständige Prognose und Bilanzierung der eingriffsbedingten Beeinträchtigungen
- die präzise Herleitung naturschutzrechtlicher Kompensationsmaßnahmen
- nachvollziehbare Bewertungsschritte/-verfahren
- eine qualitativ hochwertige Ergebnispräsentation

Am Beispiel eines ökologischen "Eingriffs-Ausgleichs-Gutachtens" für einen in Planung befindlichen Industriepark sollen im weiteren einige charakteristische GIS-gestützte Arbeitsschritte aus der Praxis eines Planungsbüros erläutert werden. Die oben skizzierte digitale Arbeitsweise mit den Werkzeugen ARC/INFO und ArcView erwies sich in diesem konkreten Fall aus einem weiteren Grund als sehr vorteilhaft. Neben der Möglichkeit eines reibungslosen digitalen Datenaustauschs mit der zuständigen Planungsbehörde (z.B. Übernahme eines digitalen Bebauungsplans = Vorhabensdaten) konnten mit Hilfe des flexibel einsetzbaren Desktop-Mapping-Systems Zwischenergebnisse fortwährend in die laufende Diskussion eingebracht und dadurch der Planungsprozess wesentlich optimiert werden.

Aufgabenstellung

Ablaufschema eines GIS-gestützten ökologischen "Eingriffs-Ausgleichs-Gutachtens" (Beispiel: Bremer Industriepark; ArcView-Arbeitsgänge mit grauer Hinterlegung).

PROJEKT-PHASE	ARBEITS-SCHRITT	METHODIK, HILFSMITTEL	AUSGEWÄHLTE BEISPIELE
Beschreibung und Bewertung der Schutzgüter (Ist-Zustand)	Gebietsanalyse	Feldökologische Untersuchungen	Biotoptypenkartierung (Fläche: ca. 1.500 ha)
	Schutzgüter-bewertung	ökolog.-fachliche Betrachtung	Bewertungsschlüssel Biotoptypen
	Digitalisierung	ARC/INFO	digitale Grundlagenkarte (Schutzgüter)
	Abfrage, Präsentation	ArcView	Biotoptypenkarte
		ArcView	Flächenstatistik mit Flächenangaben
		ArcView	Abfrage von Flächen-informationen
		ArcView	Vegetationsbewertungskarte
Eingriffsbeurteilung und Bilanzierung der Beeinträchtigungen	Analyse	ARC/INFO	Verschneidung der Grundlagen-karten mit B-Plan-Entwurf (Eingriff)
	Abfrage, Präsentation	ArcView	Projektionskarte Biotope und Eingriff
		ArcView	differenz. Flächenstatistik
		ArcView	Betrachtung v. Störungsräumen im Eingriffsumfeld
	Prognose	ökolog.-fachliche Interpretation	Belastungspfad/-grenzen, Verlustpotentiale
Bemessung der Kompensation; räumliche und planerische Konkretisierung	Analyse	ökolog.-fachliche Betrachtung	Kriterienkatalog für Kompensati-onsräume
	Abfrage	ArcView	Flächen-Eignungsdaten; Flächensondierung
	Digitalisierung	ARC/INFO	digitale Grundlagenkarten
	Abfrage, Präsentation	ArcView	Eignungs-/Planungskarten der Kompensationsräume
		ArcView	Flächenbilanzen

Die im Gelände flächendeckend bearbeiteten Einzelindikatoren – darunter die Biotoptypen, die Vegetationseinheiten, die Tierlebensräume und die verschiedenen Nutzungspotentiale (Landwirtschaft, Erholung etc.) – werden zunächst digital aufbereitet, zu ökologischen Teilpotentialen aggregiert, anschließend bewertet und schließlich in Form von Grundlagenkarten bzw. Schutzgüter-Bewertungskarten präsentiert.

Im Rahmen der anschließenden Eingriffsbeurteilung (Ökologische Risikoanalyse) erfolgt die räumliche Verschneidung der Grundlagendaten mit den von der Planungsbehörde zur Verfügung gestellten Vorhabensdaten (z.B. digitaler Bebauungsplan-Entwurf). Hierfür sind u.a. die Ausarbeitung eines projektspezifischen Datenmodells und eine Kausalanalyse des Verursacher-Wirkung-Betroffener-Systems erforderlich. Aus dem Ergebnis kann mit Hilfe von ArcView eine räumlich differenzierte Visualisierung der Beeinträchtigungen (Welcher Biotop wird mit welcher Nutzung überplant?) erreicht und eine Flächenbilanz erstellt werden. Diese, wie auch diverse räumliche Abfragemöglichkeiten (z.B. Betrachtung von Störungszonen im Eingriffsraum-Umfeld) sollen den gesamten ökologisch-fachlichen Beurteilungsprozess unterstützen und nachvollziehbar gestalten.

Wiederum - auf Basis der digitalen Grundlagenkarten - erfolgt in einer letzten Projektphase die Herleitung und Sondierung der standörtlich geeigneten bzw. ökologisch aufwertbaren Kompensationsräume. Dies erfordert zum einen die kombinierte Abfrage von Flächeninformationen (z.B. markiere alle Vegetationseinheiten der *Cynosurion*-Gruppe mit niedriger Wertstufe), zum anderen eine exakte Flächenberechnung im Sinne der Eingriffs-Ausgleichs-Bilanz.

Datensituation

Aus der Vielzahl der verarbeiteten bzw. erzeugten Grundlagen-, Bewertungs- und Maßnahmenkarten werden ausschnitthaft vorgestellt:

1. Grundlagenkarte „Biotoptypen und gefährdete Brutvogelarten"

Diese liefert eine detaillierte Lebensraumgliederung des Projektgebietes und ermöglicht eine flächendeckende Betrachtung der vorhandenen Lebensraumeigenschaften. Die Klassifizierung und Kodierung der Einheiten erfolgte nach den Kriterien der landesgültigen Kartieranleitung. Hierbei bedeuten z.B.

    WCR = Feuchter Eichen-Hainbuchenwald
    BNW = Weiden-Sumpfgebüsch
    NRG = Rohrglanzgrasröricht

Im abgebildeten Kartenausschnitt sind neben den Biotoptypen auch die Brutplätze gefährdeter bzw. störungsempfindlicher Brutvogelarten dargestellt. Diese bilden u.a. eine Datenbasis für die Erörterung der vorhabensbedingten Umfeldauswirkungen (z.B. Störungen der Vogelwelt).

2. Bewertungskarte „Vegetationseinheiten"

Die Bewertung der pflanzensoziologisch erfaßten Vegetationseinheiten erfolgt in einer Matrix unter Zugrundelegung entsprechender Wertungskriterien (Seltenheit, Gefährdung, Regenerationsdauer, Natürlichkeitsgrad, Artenvielfalt etc.). Hierfür wird eine fünfstufige Rangordnung (Ordinalskala) mit folgenden Wertstufen aufgebaut.

    I = höchste Wertigkeit
    II = hohe Wertigkeit
    III = mittlere Wertigkeit
    IV = niedrige Wertigkeit
    V = niedrigste Wertigkeit

3. Verschneidungskarte „Lebensraumkomplexe und geplanter Eingriff"

Zentraler Arbeitsschritt der Umweltverträglichkeitsanalyse ist die räumliche Verschneidung der untersuchten Schutzgüter mit dem geplanten Bauvorhaben. Die daraus abzuleitende Prognose und Bilanzierung der Umweltbeeinträchtigungen orientiert sich, wie das Kartenbeispiel zeigt, nicht nur an den Außengrenzen des Vorhabens, sondern legt eine differenzierte Betrachtung der vorgesehenen Nutzungen (geplante Grünflächen, Verkehrsflächen etc.) und ihrer jeweiligen Auswirkungen zugrunde.

Handlungsanweisung

1. **Visualisierung der Biotoptypenkarte durch Öffnen im Projektfenster**

2. **Erzeugung einer Feldstatistik zur Flächenbilanzierung**

- Öffnen Sie die Attributtabelle des Themas „Biotoptypen".
- Markieren Sie die Tabellenspalte „Biotyp" durch Anklicken.
- Mit der Schaltfläche „Feldstatistik" gelangen Sie in das Dialogfenster „Feldstatistik erstellen".

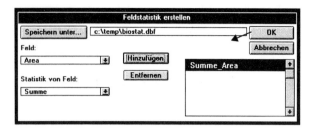

Das Ergebnis wird in einer d-Base Datei dargestellt, der die Flächenanteile der jeweiligen Biotoptypen entnommen werden können.

3. **Verbinden der Sachdaten "Biotoptypen" mit den Sachdaten "Vegetationseinheiten" zur Abfrage von Flächeninformationen**

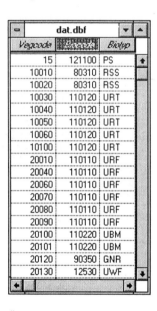
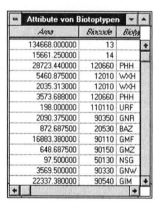

- Öffnen Sie über das Projektfenster die Tabellen „Attribute von Biotoptypen" und „dat.dbf".
- Markieren Sie in der Tabelle „dat.dbf" das Feld "Biocode", indem Sie auf den Spaltenkopf klicken.
- Markieren Sie das gleiche Feld in der Tabelle "Attribute von Biotoptypen".
- Wählen Sie im Menü "Tabelle" die Funktion "Verbinden".

Wichtig:

Bei der Ausführung dieser Funktion muß die Tabelle "Attribute von Biotoptypen" aktiv sein.

- Wählen Sie in der Tabelle „dat.dbf" einen bestimmten Vegetationstyp bzw. Vegcode.

Anschließend sind in der Tabelle "Attribute von Biotoptypen" sowie im View "Biotoptypen" (Thema „Biotoptypen" aktiv) die dazugehörigen Flächen bzw. Biotoptypen selektiert.

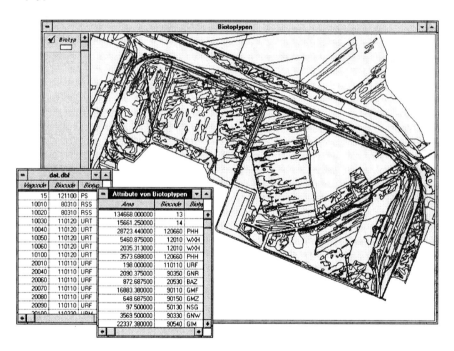

4. Flächenstatistische Berechnung im Rahmen der Beeinträchtigungsanalyse (auf Basis einer ARC/INFO-Analysekarte)

- Erstellen Sie aus der Tabelle "Attribute von B.-Plan" des Views „Lebensraumkomplexe und Eingriff" (aktives Feld: „Bk-typ") eine Summen-Feldstatistik.
- Aktivieren Sie die Tabelle „Attribute von B.-Plan".
- Selektieren Sie mit dem Abfrage-Manager aus dem Feld „Bk_typ" alle Datensätze mit dem Wert „8.1.b".
- Die selektierten Datensätze können durch den Menüpunkt „Hochschieben" an den Anfang der Tabelle gesetzt werden.

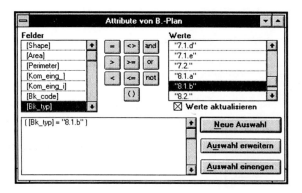

5. Abfrage räumlicher Datenzusammenhänge

- Aktivieren Sie im View "Biotoptypen und Vogelarten" alle angegebenen Vogelarten mit der SHIFT-Taste.
- Rufen Sie die Funktion "Thema analysieren" auf.
- Stellen Sie folgende Abfrage: Welche Brutvögel siedeln innerhalb eines Abstandes von 500 Metern zum geplanten Bauvorhaben ?

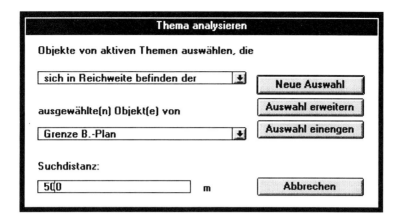

Ergebnisse und weitere Übungsvorschläge

1. Tabelle zur Beeinträchtigungsanalyse

Erstellung einer Berechnungstabelle zur Beeinträchtigungsanalyse am Beispiel eines von der Planung betroffenen Lebensraumkomplexes und Betrachtung der geplanten Nutzungen bzw. der Nutzungsüberschneidungen in Zahlen.

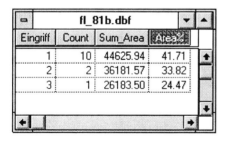

In der Spalte "Eingriff" bedeuten:

1 geplante Baugrundstücks- und Verkehrsflächen

2 geplante Gestaltung als Öfentliche Grünflächen

3 nicht überplante Biotopflächen

2. Tabellarische und graphische Darstellung der Flächenstatistik aus der Biotoptypen-Bestandsaufnahme

- Wählen Sie aus der Tabelle „biostat.dbf" (Gesamtflächen der Biotoptypen) die 10 dominierenden Biotoptypen des Untersuchungsgebietes aus, z. B. mit der Schalfläche „Aufsteigend sortieren".

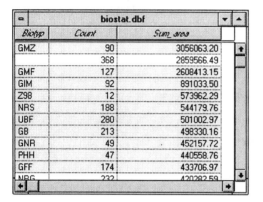

- Erstellen Sie aufgrund dieser Auswahl mit der abbgebildeten Schaltfläche aus der Diagramm-Benutzeroberfläche ein Balkendiagramm.

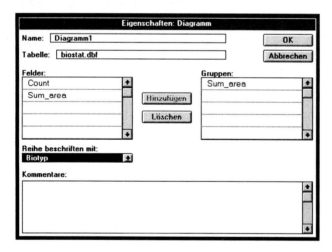

- Anschließend erscheint dieses Balkendiagramm

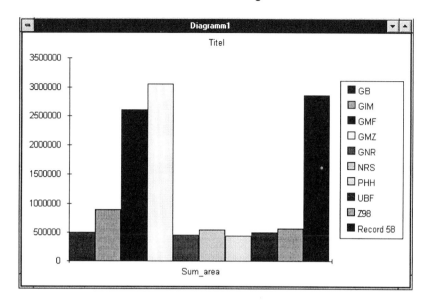

Sie können diese Diagramme dann weiterbearbeiten und beispielsweise in Karten-Layouts einbringen, bzw. bei installiertem Drucker diese Grafiken ausgeben. Leider erlaubt Ihnen der mitgelieferte „Publisher" - im Gegensatz zur Vollversion der Software - nicht Ihre Ergebnisse abzuspeichern.

UMWELTPLANUNG

Michael Wagner-Straub

Lektion 4:   Altlastenkataster

Steckbrief

GIS-Themen	– Generieren graphischer Objekte aus Sachdaten
	– Analyse räumlicher Zusammenhänge
ArcView-Funktionen	– Zugriff auf Tabellen
	– Generieren von Shapes
	– Themen analysieren
Anwender	– Behörden bzw. Ingenieurbüros
Datenquellen	– © Autor; fingierte Übungsdatenbasis
	– © Umweltinstitut Offenbach GmbH 1995

Autor:

Michael Wagner-Straub, Jahrgang 1960, studierte Informatik an der TH Darmstadt, Schwerpunkte Graphische Datenverarbeitung und Programmiersprachen. Seit 1989 beim Umweltinstitut Offenbach, Nordring 82b, 63067 Offenbach, zuständig für Konzeption und Realisation von EDV-Lösungen.

Einführung

Altlasten, altlastverdächtige Nutzungen, Altablagerungen, Rüstungsaltlasten, Kriegseinwirkungen: Dies sind nur einige der Stichworte, die fallen, wenn es darum geht, die Fehler der Vergangenheit aufarbeiten zu müssen.

Es handelt sich hierbei um ein weites Feld, auf dem interdisziplinär die verschiedensten Fachbereiche aufgefordert sind, sich mit praktikablen Lösungsvorschlägen zu beteiligen. Neben dem Recherchieren altlastrelevanter Informationen, das über systematische Karten-, Akten- und/oder Luftbildauswertungen erfolgt, dem Bewerten der bekannten Fakten, bei dem biologische und chemische Prozesse ebenso zu berücksichtigen sind wie die planerischen Aspekte zukünftiger Nutzungen und den Möglichkeiten der Sicherung oder Sanierung zur Gefahrenabwehr, sind hier auch hohe Anforderungen an Politiker und Juristen zu stellen, um die Problematik in absehbarer Zeit in den Griff zu bekommen.

Das Bewußtsein, die anstehende Datenfülle mit geeigneten Werkzeugen in den Griff bekommen zu können, wird bei den zuständigen Behörden auf kommunaler, Kreis-, Landes- oder Bundesebene (und den von diesen beauftragten Büros) immer größer. Deshalb werden auch hier zunehmend die Möglichkeiten Geographischer Informationssysteme (GIS) eingesetzt, um schnell, umfassend und mit korrektem geographischem Bezug auf die Daten zugreifen, und die Situation anschaulich darstellen und dokumentieren zu können.

Aus diesem sehr weiten Aufgabenfeld wird im folgenden exemplarisch eine kleine Teilaufgabe dargestellt. Die Datenbasis des Übungsbeispiels ist konstruiert, d. h. alle verwendeten Daten und geographischen Bezüge sind frei erfunden, um mögliche Schadenersatzforderungen zu verhindern. In der Realität wäre ein Altlastenkataster genauso strukturiert.

Aufgabenstellung

Bei dem ausgewählten Beispiel geht es darum, einen, aus einer Luftbildauswertung bzw. einem Bombenbuch gewonnenen, Katalog gefundener Bombentrichter graphisch darzustellen. Hierbei werden verschiedene Möglichkeiten aufgezeigt.

Anschließend geht es darum, eine z. Zt. bebaute bzw. versiegelte Fläche (das Gelände der fiktiven Firma „Kohlen-Klaus") für eine Nutzungsänderung vorzusehen. Beim Bau der dort entstehenden Wohnhäuser fällt Erdaushub an. Die Möglichkeiten und Kosten diesen zu entsorgen, hängen stark von der Konsistenz und Kontamination ab. Ein hohes Kontaminationspotential, steckt z.B. in Verfüllungen und Bombentrichtern. Es gilt deshalb, mit Hilfe von ArcView und den vorhandenen Informationen festzustellen, ob sich auf dem Gelände überhaupt Bombentrichter befanden und ggf. wo und in welcher Größe diese dort vorhanden waren. Falls sich dort Bombentrichter befanden, ist zunächst zu erkunden, wann und womit diese damals verfüllt wurden. Es wird gezeigt, wie die derart zu untersuchenden Flächen mit Hilfte von ArcView ermittelt werden können.

Datensituation

Wir haben folgende Ausgangssituation für die o.g. Vorgänge (wie sie oftmals in der Realität anzutreffen ist):

- Ein digitalisiertes Liegenschaftskataster liegt nicht vor!
- Um die Situation dennoch sinnvoll visualisieren zu können, wird auf einen eingescannten Plan (Rasterdaten) zurückgegriffen. Bei diesem Plan wurden zur besseren Übersichtlichkeit die Farben Weiß auf „Durchsichtig" und Schwarz auf „Orange" verändert.
- Weiterhin liegt ein gescanntes Luftbild (Pixeldaten) vor, das die Situation vor den Luftangriffen darstellt.
- Das Bombenkataster liegt als Tabelle im dbf-Format vor.

- Einige gewerblich genutzte Flächen liegen in digitalisierter Form vor (Vektor Daten am Bildschirm digitalisiert).
- Weiterhin liegt eine erste Planung vor, wie die zukünftige Bebauung des Geländes aussehen soll (einige Reihen-Wohnhäuser mit Unterkellerung).

Handlungsanweisung

Nach dem Laden des Projekts Altlastenkataster sind die einzelnen Dokumentfenster außer dem Projektfenster noch alle geschlossen.

1. Öffnen Sie den View „Offenbach" durch Doppelklicken auf seinen Namen im Projektfenster:

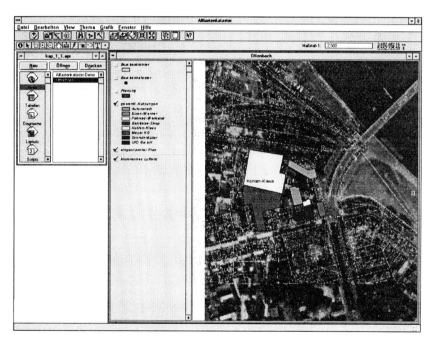

2. Öffnen Sie die Tabelle mit den Bombenkataster-Daten durch aktivieren des Themas „Bombenkataster" und Klicken der Schaltfläche „Thementabelle öffnen".

Wie Sie sehen können, ist dort zu jedem bekannten Bombentrichter der Mittelpunkt und sein Durchmesser angegeben. Um die Bombentrichter zu visualisieren, bietet ArcView die Möglichkeit, diese als „Event-Theme" darzustellen. Hierbei wird für jede Koordinate ein Punkt dargestellt. Dieses wurde bei dem geöffneten View bereits vorbereitet. Durch Aktivieren des Themas „Bombenkataster" kann das Ergebnis dargestellt werden:

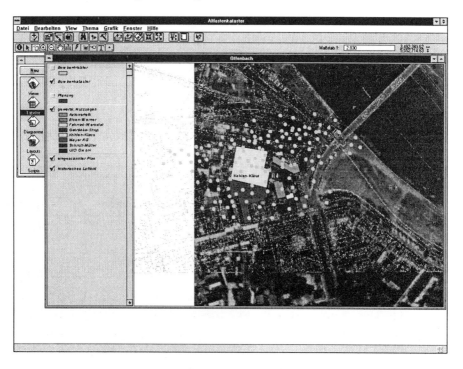

Wie zu erkennen ist, erhält man eine Punkteschar, die jeweils an den Koordinaten der einzelnen Bombentrichter dargestellt ist. Dies ist bereits hilfreich. Besser wäre es jedoch, wenn auch die unterschiedliche Größe in der Darstellung berücksichtigt werden könnte.

Dies ist als Grundfunktion in der Version 2.1 von ArcView noch nicht vorgesehen, doch durch die Möglichkeit der Anpassung und Erweiterung von ArcView über Scripts und die Programmiersprache Avenue ist es möglich, diese Funktionalität einzubauen.

Interessierte finden das Script in voller Länge im Verzeichnis „Kap_1_1\VIO-ALTL\ GENERCIR.AVE" auf der Begleit-CD. Da die Programmierung mit Avenue nicht Gegenstand dieses Buches ist, wird dies jetzt nicht weiter vertieft. Hier noch kurz die Beschreibung der Funktion des Scripts:

Aus den Daten der Tabelle wird anhand der Informationen zum Mittelpunkt (Rechts- und Hochwert) und zur Größe (Durchmesser) ein Polygon-Thema generiert, das die entsprechenden Kreisflächen enthält. Als Bezeichnung (ID) der neu generierten Flächen wird der Wert im Feld „Bemerkung" verwendet.

Dieses Thema ist im Beispiel-View als „Bombentrichter" bereits vorgesehen und kann dort eingeschaltet werden. Wie Sie sehen, ist die Darstellung der einzelnen Objekte differenzierter. Dies wird auch maßstabsgetreu beim Vergrößern und Verkleinern berücksichtigt.

Kommen wir nun zu unserer Aufgabe: Wir wollen feststellen, ob es auf dem Gelände der Firma Kohlen-Klaus verfüllte Bombentrichter gibt. Hierzu müssen wir zunächst die Lage der Firma ermitteln und diese selektieren. Dies kann entweder über das View erfolgen oder über die Attribut-Tabelle des Themas mit Hilfe des Abfrage-Managers.

Es bietet sich der direkte Weg über das View an, da die gesuchte Firma sich direkt und gut sichtbar im dargestellten Bildausschnitt befindet. Die Selektion erfolgt also durch Aktivieren des Themas, Auswahl des Werkzeugs „Objekte wählen" und Anklicken der Fläche mit der Maus .

Im nächsten Schritt geht es dann darum, die Bombentrichter zu ermitteln, die sich auf dem heutigen Gelände der Firma befinden. Hierzu muß man „Bombentrichter" zum aktiven Thema machen. Anschließend werden über den Menüpunkt „Thema analysieren" die Bombentrichter selektiert, die sich mit dem Firmengelände überschneiden.

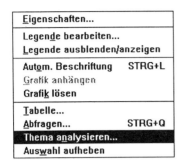 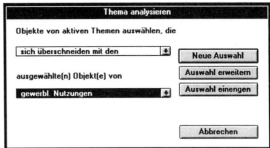

Im Beispiel sind es 19 Treffer, d.h. 19 Stellen, an denen es zu (noch unbekannten) Verfüllungen von Bombentrichtern kam, und die daher weiter bezüglich Altlasten zu untersuchen sind.

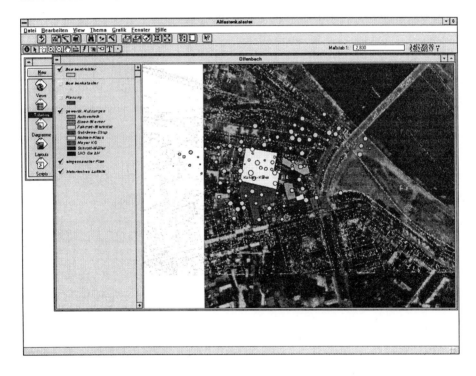

Ergebnisse und weitere Übungsvorschläge

Auf dem View befindet sich noch das Thema „Planungen". Dort ist dargestellt, wie eine spätere Bebauung aussehen könnte. Mit diesen Informationen ist u.a. noch folgendes möglich:

- Feststellen, ob und welche Bombentrichter sich im zu bebauenden Bereich befinden (dort fällt hauptsächlich der Erdaushub an).
- Verändern der Planung, so daß die Menge verfüllter Bombentrichter minimiert wird.

Dies nur als Anregung. Testen Sie die Möglichkeiten, die sich Ihnen bieten, bitte selbst aus. Ich wünsche Ihnen dabei viel Erfolg.

Literatur

PFAFF-SCHLEY, H. (Hrsg.), 1993: „Militärische Altlasten - Militärisch genutzte Flächen - Erstbewertung, Untersuchung und Sanierung". Erich Schmidt Verlag.

PFAFF-SCHLEY, H. (Hrsg.), 1994: „Militärische Lasten 1994 - Militärisch genutzte Flächen - Militärische Altlasten - Rüstungsaltlasten - Anforderungen der Behörden - Aufgaben der Ingenieurbüros". Erich Schmidt Verlag.

PFAFF-SCHLEY, H. (Hrsg.), 1995: „Kontaminationsarten, Sicherungs- und Sanierungstechniken, Umweltschutzkonzepte, Auftragsvergabe, Qualitätsanforderungen - Erstbewertung, Untersuchung und Sanierung". Erich Schmidt Verlag.

LAND- UND FORSTWIRTSCHAFT

Günther Dörffel, Benedikt Pointner

Lektion 5: **Forst 2000 - Forstwirtschaft mit GIS**

Steckbrief	
GIS-Themen	– Attributierung von Geometriedaten
	– Analysen über räumliche Auswahlkriterien
ArcView-Funktionen	– Datenbankanalysen nach logischen Kriterien
	– Erzeugen von Geschäftsgraphiken
	– Räumliche Selektionen
	– Erzeugen von Shape-Themen
Anwender	– Forstverwaltung / Forsteinrichtungsplanung
Datenquellen	– Forstverwaltung des Benediktinerklosters Scheyern

Autoren:

Günter Dörffel, Jahrgang 1965, Studium der Forstwissenschaften in München. 1991 bis 1995 wiss. Mitarbeiter an der Forstwissenschaftl. Fakultät der LMU-München und an der Bayer. Landesanstalt für Wald und Forstwirtschaft. Momentan Mitarbeit bei Forst-Informationssysteme Wolfegg GmbH.

Benedikt Pointner, Jahrgang 1966, Studium der Forstwissenschaften in München. Mitarbeit am Lehrstuhl für Forstliche Arbeitswissenschaft und Angewandte Informatik der LMU-München und an der Bayer. Landesanstalt für Wald und Forstwirtschaft. Seit 1994 Mitarbeiter bei ESRI-Kranzberg.

Einführung

Der Wald als Teil unserer Umwelt ist für uns Menschen zugleich Garant der Stabilität unseres Klimas und unserer Böden, Grundlage unserer Wasserversorgung, beliebter Erholungsort und wichtige Rohstoffquelle. Den Wald zu erhalten und gleichzeitig alle obigen Aufgaben zu erfüllen, stellt seit Jahrhunderten das Ziel der bei uns verwirklichten nachhaltigen Forstwirtschaft dar. Sie greift optimierend, regelnd aber auch schützend in die Struktur und Entwicklung von Waldbeständen ein. Von der Pflanzung über die Pflege bis hin zur Ernte begleitet die Forstwirtschaft die Entwicklung des Waldes. Eine gesamtwirtschaftlich bedeutende Aufgabe im Spannungsfeld vielfältiger Interessen, die immerhin 1/3 der Fläche Deutschlands prägt.

Aufgrund wirtschaftlicher Zwänge wie sie aus allen Bereichen unserer Gesellschaft bekannt sind, ist diese vielfältige Tätigkeit jedoch von immer weniger Personal zu bewältigen. Dies erfordert flexible, aktuelle und zeitgemäße Planungshilfen, wie sie mit Geographischen Informationssystemen bereits frühzeitig erfolgreich Einzug gehalten haben. Der Schritt zum Endanwender, dem forstlichen Praktiker, wird in der jetzt erreichten Entwicklungsstufe mit dem Desktop GIS ArcView vollzogen.

Worin liegen nun die Chancen und Aufgaben der neuartigen GIS-Technologie in diesem ehemals traditionsgeprägten Wirtschaftssektor ?

- Bei steigender Betreuungsfläche je Arbeitskraft und zugleich zunehmender Bestandesvielfalt benötigt der Forstmann effektive Hilfsmittel zur einmaligen und kostengünstigen Erfassung sowie bedarfsgerechten Visualisierung der räumlichen Strukturen und Planungsdaten. Nun gehen Planerstellung, -fortschreibung und -kontrolle ineinander über.
- Ein optimales betriebswirtschaftliches Ergebnis ist heute nur mehr durch ein flexibles, nachfrageorientiertes Angebot möglich - ein ideales Einsatzgebiet für ein Betriebsinformationssystem beispielsweise auf Basis von ArcView.
- Verbesserte räumliche Planung des Maschinen- und Personaleinsatzes, die präzise Dokumentation langfristiger Maßnahmen (Astung, Düngung)

oder die Simulation von Handlungsalternativen zur Risikoabschätzung bei biotischen oder abiotischen Waldschäden, stellen sicherlich nicht die letzten denkbaren Anwendungen geographischer Informationstechnologie im zukünftigen Forstwesen dar.

Der Erfüllung des immer wieder geäußerten Wunsches, alle für betriebliche Entscheidungen relevanten Informationen in numerischer und graphischer Form jederzeit und an jedem Ort zur Verfügung zu haben, kommt der Forstmann mit einem Desktop-GIS einen entscheidenden Schritt näher.

Der forstliche Distrikt 'I Innerer Forst' aus dem ca. 500 Hektar große Forstbetrieb des Benediktinerklosters Scheyern - im schönen oberbayerischen Tertiärhügelland gelegen - dient hier als Beispiel für den praktischen Einsatz eines Desktop-GIS in der mittelfristigen Forstbetriebsplanung.

Die forstlichen Beispielsdaten wurden mit freundlicher Genehmigung von der Forstverwaltung des Benediktinerklosters zur Verfügung gestellt.

Planungsbeispiel 1: Maschineneinsatzplanung

Aufgabenstellung

Der Modellbetrieb Scheyern benötigt für die Maschineneinsatzplanung folgende Informationen:

- Welche Flächen stehen in der Jungdurchforstung potentiell für einen Vollerntereinsatz (Harvester) zur Verfügung ?

Wirtschaftlich ist der Einsatz eines Vollernters nur in Beständen mit einem Nadelholzanteil von mehr als 60% sinnvoll. Weichböden und staunasse Standorte sollen aus ökologischen und technischen Gründen nicht für einen Maschineneinsatz in Betracht kommen. Der ausgewählte Harvestertyp kann bauartbedingt nur bei Hangneigungen unter 20 Grad eingesetzt werden.

Die Flächenaufstellung soll übersichtlich in tabellarischer und graphischer Form nach Abteilungen gegliedert aufbereitet werden.

Datensituation

Für das im Aufbau befindliche Betriebsinformationssystem des Klosterwaldes Scheyern liegen u.a. die Forstbetriebskarte sowie das Betriebsbuch, die Standortskarte und ein Geländemodell in digitaler Form vor. In diesem Projektbeispiel sind diese Datenbestände inhaltlich vereinigt (Datenvorverarbeitung und Verschneidung mit ARC/INFO).

a) Kriterien aus der Forstbetriebskarte

Die vorgesehene Nutzungsart „Jungdurchforstung" ist in der Tabelle „Flächenattribute" in der Spalte „Nutzung" mit der forstüblichen Kennung „JD" kodiert.

weitere Nutzungsarten sind:

AD	=	Altdurchforstung
JP	=	Jungbestandspflege
NHB	=	Nichtholzboden
LB	=	Langfristige Behandlung
...	=	...

Die Baumartenanteile finden sich in einer weiteren Tabelle „Betriebsbuch".

b) Kriterien aus der Standortskarte

Nach der Vergabe der Standortskartierung scheiden in diesem Projekt alle Standorte mit Schlüsselziffer größer 70 für einen Maschineneinsatz dieser Art aus. Die Schlüsselziffer befindet sich in der Tabelle „Flächenattribute" in der Spalte „Standort-Id".

Beispiele:

Standort	Standort-ID
mäßig trockener bis mäßig frischer lehmiger Sand	14
mäßig frischer kiesig lehmiger Sand	15
mäßig frischer bis frischer stark lehmiger Sand	16
...	...
...	...
feuchter humoser podsoliger Sand	71
feuchter bis nasser humoser podsoliger Sand	72
feuchte Bachmullerde	78
Bachmullerde	80

c) Kriterien aus dem Geländemodell

Nach Einbeziehung des Geländemodells besteht jeder Bestand aus mehreren Teilflächen gleicher Hangneigung. Der Wert für die Hangneigung in Grad ist in der Tabelle 'Flächenattribute' in der Spalte 'Hangneigung' festgehalten.

d) Darstellung der vorhandenen Karten

- Forstbetriebskarte

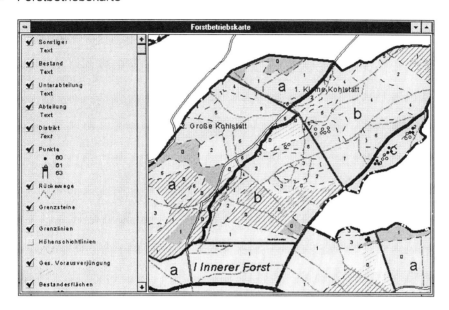

- Standortskarte

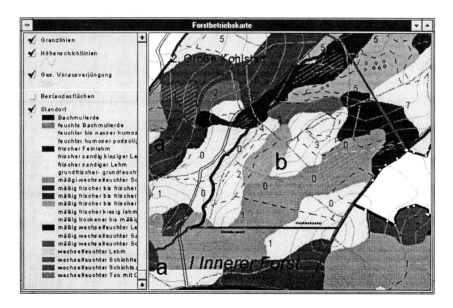

- Höhenmodell

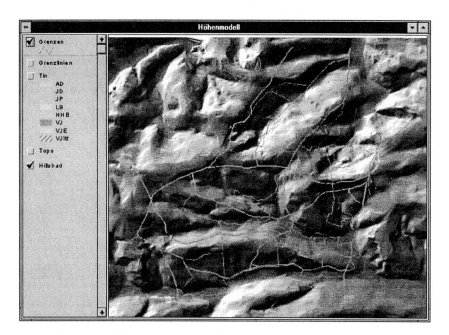

Handlungsanweisung

Im ersten Schritt müssen die Informationen aus dem Betriebsbuch mit der Karte (den Geometrien) verbunden werden. Öffnen Sie zu diesem Zweck die Tabellen „Flächenattribute" und „Betriebsbuch". Das Verknüpfungsfeld (Join-Item), das Sie in beiden Tabellen finden, ist das Feld „BKZ" (Bestandeskennziffer). In diesem Feld wird für jeden Bestand eine eindeutige Identifikationsnummer vergeben. Sie öffnen anschließend das View 'Maschineneinsatz' und führen eine Abfrage mit Kriterien aus der Forstbetriebskarte, Standortskarte und dem Höhenmodell durch.

Holen Sie das Projektfenster über den Menüpunkt "Kap. 2-2.apr" des Menüs „Fenster" in den Vordergrund. Öffnen Sie im Projektfenster die beiden Tabellen „Flächenattribute" und „Betriebsbuch". Die Tabellen werden in ihrer Größe und Lage am Bildschirm so angeordnet, daß beide nebeneinander sichtbar sind. Anschließend markieren Sie in den Tabellen die Felder „BKZ", so daß diese dunkel hinterlegt sind.

Wichtig: Bevor die Verknüpfung durchgeführt wird, muß man sich vergewissern, ob in beiden Tabellen die Tabellenspalte „Bkz" markiert ist und die Tabelle „Flächenattribute" aktiviert ist bzw. im Vordergrund liegt. Mit Hilfe der Schaltfläche "Verbinden" führen Sie die Verknüpfung der Tabellen durch.

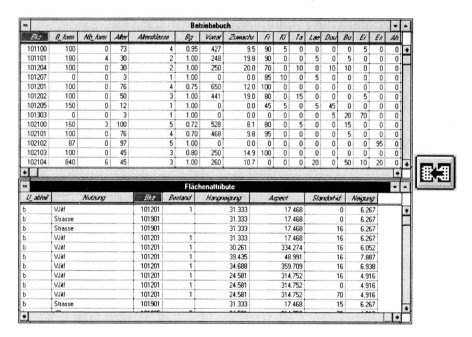

Nach der Verknüpfung verschwindet die Tabelle „Betriebsbuch". Der Inhalt dieser Tabelle wird der Tabelle"Flächenattribute" angefügt. Die Verknüpfung läßt sich über den Menüpunkt „Tabelle", „Alle Verbindungen lösen" wieder aufheben.

Im Folgenden werden alle Flächen ermittelt, die für den Einsatz eines Vollernters geeignet sind. Machen Sie dazu das View „Maschineneinsatz" sichtbar. Aktivieren Sie das Thema „Maschineneinsatz" und starten Sie den Abfrage-Manager.

Geben Sie folgende Rechenvorschrift ein:

([Nutzung] = "JD") and ([Nadelanteil] > 60) and ([Standort-id] < 70) and ([Hangneigung] < 20)

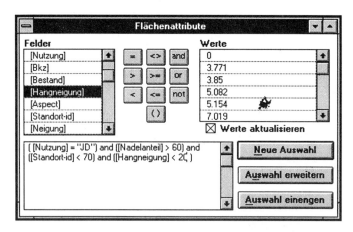

Das Ergebnis der Abfrage ist in Tabelle und Karte farblich gekennzeichnet. Mit der Schaltfläche „Hochschieben" können alle ausgewählten Datensätze in einem Block zusammengefaßt werden.

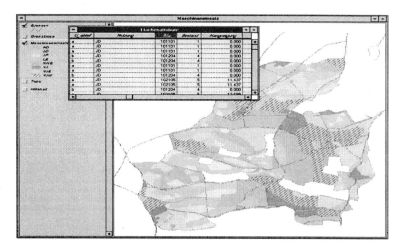

Ergebnisse und weitere Vorschläge

Die Ergebnisse aus der Selektion können nun hinsichtlich der gewünschten Kriterien zusammengefasst werden. Für den Forstmann ist eine abteilungsweise Auflistung der selektierten Ernteflächen und die Kenntnis der Holzmasse auf diesen Flächen eine wichtige Entscheidungshilfe für die Harvestereinsatzplanung. Das Ergebnis des nächsten Arbeitsschrittes soll eine Tabelle sein, in der die Datenbankwerte nach dem Kriterium der „Abteilung" zusammengefaßt werden, so daß Ihnen anschließend bekannt ist, wieviele potentielle Harvesterflächen in den Abteilungen vorzufinden sind.

Distr	Abteilung	U_abteil	Nutz
1 Innerer Forst	1 Kleine Kohlstatt	a	JD
1 Innerer Forst	1 Kleine Kohlstatt	a	JD
1 Innerer Forst	1 Kleine Kohlstatt	a	JD
1 Innerer Forst	1 Kleine Kohlstatt	b	JD
1 Innerer Forst	1 Kleine Kohlstatt	b	JD
1 Innerer Forst	1 Kleine Kohlstatt	a	JD
1 Innerer Forst	1 Kleine Kohlstatt	a	JD
1 Innerer Forst	1 Kleine Kohlstatt	b	JD
1 Innerer Forst	2 Große Kohlstatt	a	JD
1 Innerer Forst	2 Große Kohlstatt	a	JD
1 Innerer Forst	1 Kleine Kohlstatt	b	JD

Markieren Sie sich zu diesem Zweck die Tabellenspalte „Abteilung". Machen Sie im Dialogfenster „Eigenschaften..." die Spalte 'Area' durch Anklicken sichtbar. Aktivieren Sie den Summen-Manager mit der Schaltfläche „Feldstatistik". Im Summen-Manager stellen Sie über die Auswahllisten „Feld" und „Statistik von Feld" die Variablen für die Summe der Flächen („Summe_Area"), für die Summe des Vorrats („Summe_Vorrat") und den durchschnittlichen Vorrat („Ave_Vorrat") in den Abteilungen zusammen. Mit der Taste „Hinzufügen" wird jede Variable in die Auswertungsliste aufgenommen.

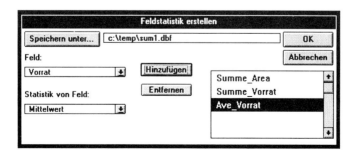

Die Inhalte der Ergebnistabellen lassen sich am Anschaulichsten in Form einer Geschäftsgrafik darstellen. Aktivieren Sie dafür die eben erzeugte Ergebnistabelle und öffnen Sie das Auswahlfenster „Eigenschaften" in der Diagramm-Benutzeroberfläche.

Wählen Sie aus der Feldliste „Sum_Area aus und tragen es mit „Hinzufügen" in die Gruppenliste ein. Für die Wertebezeichnung („Reihe beschriften mit") wählen Sie das Feld „Abteilung" aus und beschließen den Vorgang mit „OK".

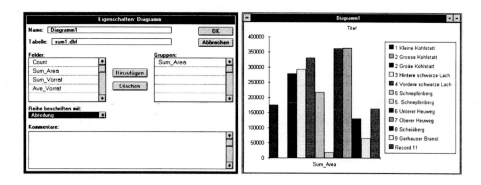

Die Graphische Darstellung der Werte „Sum_Vorrat" (gesamte Vorratsmenge) und „Ave_Vorrat" (durchschnittliche Vorratsmenge) erfolgt in der gleichen Weise. Führen Sie die notwendigen Schritte zur weiteren Übung bitte selbständig durch.

Planungsbeispiel 2: Pflanzenbedarf

Aufgabenstellung

Der Einsatz eines Desktop GIS wie ArcView erweitert die Sachdatenbank um ein wesentliches Merkmal: die geographische Information. Gerade im Forstbetrieb ist die Flächen-, Strecken- oder Lageinformation von besonderer Bedeutung. Im Folgenden soll anhand der Flächeninformation aufgezeigt werden, wie die Stückzahlermittlung von Jungpflanzen und die Planerstellung mit Hilfe von ArcView die Arbeit im Vorfeld einer Pflanzaktion wesentlich erleichtern kann. Das Beispiel verdeutlicht, wie automatisierte Prozeduren die turnusgemäß fälligen Routineaufgaben rationalisieren.

Datensituation

Es sind keine zusätzlichen Daten erforderlich.

Handlungsanweisung

Für das weitere Vorgehen mit ArcView wird der View „Forstbetriebskarte" verwendet. Man erzeugt sich eine neue Kartenebene (Thema) in der die geplanten Aufforstungsflächen mit der Maus einzuzeichnen sind. Nach jeder Fläche wird der Benutzer aufgefordert, die prozentualen Anteile der Baumarten in Abhängigkeit vom Standort anzugeben. Das System errechnet anschließend die Flächengröße, den Flächenumfang und die absoluten Stückzahlen der angegebenen Baumarten.

Öffnen Sie das View 'Forstbetriebskarte' und legen Sie einen beliebigen Kartenausschnitt fest, so daß ein Arbeitsmaßstab von 1:3000 bis 1:5000 eingestellt ist. Aus der Werkzeugleiste wählen Sie sich folgendes Werkzeug aus:

Das sich zeigende Nachrichtenfenster verlangt die Eingabe „Ja", wenn Sie ein neues Thema für Aufforstungsflächen anlegen wollen. Ist dieser Arbeitsschritt erledigt, zeichnen Sie mit der Maus eine neue Fläche ein. Sie schließen eine Fläche mit einem Doppelklick ab. Bevor Sie im folgenden Auswahlfenster die prozentualen Anteile der von Ihnen vorgegebenen Baumarten angeben, informiert Sie das System, welche Standorttypen an dieser Stelle vorgefunden werden.

Bei der Eingabe der Baumartenanteile ist zu berücksichtigen, daß deren Summe 100% ergeben muß. Ist dies nicht der Fall, werden Sie solange aufgefordert, die Baumartenanteile anzugeben, bis diese in der Summe logisch korrekt sind. Ist eine Baumart nicht in der Auswahlliste, so können Sie diese über den Menüpunkt „Grundeinstellungen", „Baumarten" anfügen.

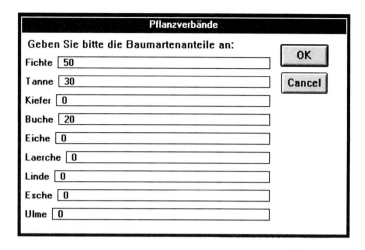

Der nächste Schritt erfordert die Angabe der gewünschten Pflanzverbände. Diese werden dem Benutzer bereits gemäß den Angaben aus der Baumartentabelle vorgeschlagen. Sie können diese Angaben im Auswahlmenü „Pflanzverband" nochmals revidieren oder einfach bestätigen.

Anschließend werden Flächeninhalt, Umfang und die Baumarten mit deren absoluten Stückzahlen vom System errechnet und automatisch in die Tabelle eingetragen. Außerdem wird für jede Fläche eine eindeutige, fortlaufende Nummer vergeben. Im aktuellen View wird jede Aufforstungsfläche graphisch mit dieser Nummer versehen, so daß auch in der Karte die Identitätsnummern der Flächen sichtbar sind. Auch die Pflanzverbände der vorkommenden Baumarten werden im View an das Flächenelement geschrieben. Kontrollieren Sie die Datenbankeinträge.

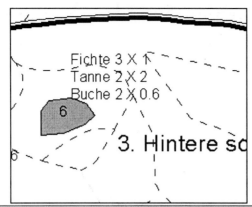

Ergebnisse und weitere Übungsvorschläge

Die von Hand angegebenen Aufforstungsflächen und die dazu errechneten Datenbankinformationen sind in mehrerer Hinsicht dienlich für die weitere Arbeit.

Das View läßt sich in Verbindung mit der Datenbankinformation für konkrete Arbeitsanweisungen verwenden. Wählen Sie dazu den Menüpunkt „Arbeitsauftrag", „Pflanzung". Entscheiden Sie sich welches Aufforstungsthema Sie auswerten wollen. Es werden im Auswahlfenster übrigens nur Themen vorgeschlagen, in denen Aufforstungsflächen erfaßt wurden. Nachdem Sie Ihre Auswahl bestätigt haben, wird eine Liste erstellt, in der der Pflanzenbedarf flächenweise je nach Baumart und die Summen über alle Flächen festgehalten wird. Zusätzlich finden Sie für jede Fläche die eindeutige Identifikationsnummer.

```
Notepad - arb8.txt
File  Edit  Search  Help
Arbeitsauftrag - Pflanzenbedarf                      19.Dezember 1995

Fläche  Baumarten
        Fichte  Tanne   Kiefer  Buche   Eiche   Laerche Linde   Esche   Ulme

1       623     468     0       1385    0       0       0       0       0
2       0       574     0       1913    0       0       0       0       0
3       0       0       0       2649    0       0       0       0       0
4       189     142     0       630     0       0       0       0       0
5       197     147     0       655     0       0       0       0       0
6       187     141     0       625     0       0       0       0       0
7       252     0       0       0       0       81      0       0       0
8       0       0       0       0       2844    0       0       0       0


Summen  ------------------------------------------------------------

        1448    1472    0       7857    2844    81      0       0       0
```

In Verbindung mit der dazugehörigen Karte, ist dies eine geeignete Arbeitsanweisung. Die Listeneinträge vermitteln den gesamten Pflanzenbedarf. Anhand der Flächennummer, läßt sich jeder Listeneintrag eindeutig einer Fläche im View zuordnen. Dieser wiederum erleichtert die Einweisung für das ausführende Personal.

Käferschaden

Eine Eigenschaft von Geographischen Informationssystemen besteht darin, daß unterschiedliche Kartenelemente in logischen Ebenen verwaltet werden. So sind beispielsweise Rückewege (Linienelemente) in einer anderen Ebene abgelegt als Bestandesinformationen (Flächenelemente). Wiederum ist es eine Eigenart von GIS, diese logisch getrennten Ebenen in eine räumliche Beziehung zueinander zu setzen. Damit ist es wieder möglich zu analysieren, welche Bestände von welchen Rückegassen erschlossen werden.

Diese räumliche Analyse auf getrennten Ebenen könnte mit der **Vollversion von ArcView** durchgeführt werden.

Aufgabe soll es sein, die umliegenden Bestände eines in unserem Fall punktuellen Schadensereignisses auf Anfälligkeit hinsichtlich eines Schädlings zu untersuchen.

Im View „Forstbetriebskarte" wird ein neues Thema für ein punktuelles Schadensereignis angelegt. An beliebiger Stelle wird in der Karte ein Punkt eingezeichnet, der dieses Ereignis symbolisiert. Anschließend führt man ausgehend von diesem Punkt eine räumliche Selektion auf die Bestandesflächen durch.

An beliebiger Stelle in der Forstbetriebskarte wird mit dem Menü „View/Neues Thema" ein punktuelles Schadensereignis eingeführt. Dieses Ereignis steht für einen lokal recht begrenzten Käferschaden. Der Schaden wurde frühzeitig bemerkt, so daß sich dieser noch nicht zu einer flächenhaften Kalamität ausbreiten konnte.

Danach erstellen Sie eine Abfrage mit dem Menü „Thema/Thema analysieren", die alle Flächen, die sich in einer Distanz von 200 m zum Schadensereignis befinden, zum Ereignis hat. Die Flächen, die Sie über die eben beschriebene räumliche Selektion ermittelt haben, lassen sich weiter analysieren. Die Informationen aus dem Forstbetriebsbuch liefern dazu wichtige Hinweise für einen evtl. notwendigen Handlungsbedarf in diesen Beständen.

So ist beispielsweise die **Altersklassenstruktur** ein Indiz für dringende Bekämpfungsmaßnahmen, denn bestimmte Schädlinge bevorzugen Altholz, während andere Schädlinge vorwiegend Jungbestände befallen.

Die Analyse hinsichtlich des Alters erfolgt durch die Verknüpfung der Tabellen „Attributes of Bestandesflächen" und dem „Betriebsbuch". Anschließend erfolgt die Erstellung einer Feldstatistik anhand der Spalte „Altersklasse" in der Tabelle „Attributes of Bestandsflächen".

Nach dieser Auswertung erhalten Sie eine Tabelle, welche die Flächenanteile der verschiedenen Altersklassen aufzeigt. Es ist somit Ihre Entscheidung, ob und welche Maßnahmen angezeigt sind. Angenommen es handelt sich bei dem Schädling um den Buchdrucker, der überwiegend Altholz befällt, aber im Umkreis von 200 Metern sind durchwegs sehr junge Bestände vorzufinden, so ist in diesem Stadium noch kein unmittelbarer Handlungsbedarf angezeigt.

Neben dem Alter ist natürlich die **Baumartenzusammensetzung** ein wesentliches Kriterium für die Anfälligkeit gegenüber einem Schädling. Die Analyse hinsichtlich der Baumartenzusammensetzung könnte über folgenden Schalter aus der Werkzeugleiste erfolgen.

Eine Tabelle mit der Baumartenzusammensetzung der betroffenen Bestände wird errechnet. Gleichzeitig wird ein Diagramm angelegt, in dem die Anteile der einzelnen Baumarten dargestellt sind.

Wiederum ist es nun Ihre Entscheidung, ob aufgrund der Kenntnis über die Baumartenzusammensetzung, Maßnahmen einzuleiten sind. Nehmen wir einmal an, bei dem Schädling handelt es sich um den Frostspanner. Da der Frostspanner überwiegend Eichen befällt und in den umliegenden Beständen die Eiche auch als Hauptbaumart vorzufinden ist, sind in diesem Fall dringend Bekämpfungsmaßnahmen notwendig.

Wie die soeben von Ihnen erarbeiteten Beispiele zeigen, entstehen durch den Einsatz von Desktop-GIS Perspektiven für neuartige, rationelle Arbeitsmethoden im Forstwesen. Im nächsten Entwicklungsschritt von Desktop-GIS erfolgt der Schulterschluß mit forstbetrieblichen Datenbanksystemen. Die Verbindung aller Sachinformationen in einem Forstbetrieb mit ihren räumlichen Entstehungsorten (digitale Karte) durch das GIS-Programm sorgt für Transparenz, neue Auswertemöglichkeiten, schnelle Erfassbarkeit und höchst flexible Datenbereitstellung.

Mit einem Datenbanksystem und einem Desktop-GIS sind die wesentlichen Werkzeuge für den Aufbau eines Betriebsinformationssystems vorhanden. Erste Entwicklungen existieren bereits, so daß die technischen Voraussetzungen in der Ressourcenbewirtschaftung Wald im kommenden Jahrtausend einen erforderlichen weiteren Rationalisierungsschub ermöglichen werden.

NATUR- UND BIOTOPSCHUTZ

Rudolf May, Sabine Roscher

Lektion 6:   Floristische Kartierung

Steckbrief

GIS-Themen	– Arbeit mit Rasterdaten
	– Überlagerung von Raster- mit Vektordaten
	– Auswertung durch räumliche und sippenbezogene Einschränkung der Ergebnismenge
ArcView-Funktionen	– Verknüpfung von Tabellen
	– Abfrage der Datenbankinformation
	– Beschriftung von Views
	– Räumliche Analysen
	– Ergebnisdarstellung (View, Diagramm, Tabelle)
Anwender	– Naturschutzbehörden, Planungsbüros
	– Hochschulen (Landschaftsplanung, Biogeographie, Botanik)

Datenquellen	– Datenbank der Zentralstelle Floristische Kartierung c/o Bundesamt für Natuschutz, Bonn – Regionale Erhebungsprojekte, Regionalstellen der Floristischen Kartierung, Landesämter: Einschränkungen bzgl. Datenweitergabe durch Datenlieferanten – Kartengrundlagen des BfN (LANIS) – Rasterschärfe (je nach Datenquelle von Quadranten des Meßtischblattes 1 : 25.000 (TK 25) bis sechzehntel bzw. Minutenfelder); für bundesweite Darstellungen Aggregation auf TK 25 Raster

Autoren:

Dipl.-Biol. Rudolf May, Jahrgang 1958: Studium der Biologie an der Universität des Saarlandes. Seit 1989 wiss. Mitarbeiter im Forschungs- und Entwicklungsprojekt 'Erhebung und zentrale Zusammenführung von Daten über Verbreitung, Status und Bestandsentwicklung der Gefäßpflanzen Deutschlands'. Arbeitsschwerpunkte: Kartierungsmethodik, Datenbankdesign, Auswertung floristischer Daten. Kontakt: Zentralstelle Floristische Kartierung - Datenbank, c/o Bundesamt für Naturschutz, Konstantinstr. 110, 53179 Bonn.

Dipl.-Geogr Sabine Roscher, Jahrgang. 1963: Studium der Geographie an der Universtität Bonn, Studienschwerpunkt Landschaftsökologie. Seit 1993 wiss. Mitarbeiterin am Bundesamt für Naturschutz im Fachgebiet 'Fach- und raumbezogene Information, Kartographie, Statistik'. Arbeitsschwerpunkte: Landschaftsökologie, Aufbau geographischer Informationssysteme für den Naturschutz. Kontakt: Bundesamt für Naturschutz, Konstantinstr. 110, 53179 Bonn.

Einführung

Eine Naturschutz-Aufgabe des Bundes ist es, für den Schutz und die Erhaltung unserer heimischen Wildpflanzen und ihrer genetischen Vielfalt im gesamten Areal, in den angestammten Lebensräumen und in lebensfähigen Populationen zu sorgen. Für einen wirksamen Schutz der heimischen Flora und Vegetation unabdingbar sind dabei: fundierte Kenntnisse über Verbreitung, Häufigkeit, Populationsgrößen, Standortbindung, Vergesellschaftung und Biologie der einzelnen Pflanzenarten, ferner über die aktuelle Bestandssituation und -entwicklung, den Gefährdungsgrad sowie die Ursachen des Rückgangs und die Art der Bedrohung.

Für die Auswertung und Visualisierung flächenbezogener Aspekte der Datenbank wird auf digitale Flächendaten im Landschafts-Informationssystem (LANIS) des BfN zugegriffen. Mit ArcView werden die Ergebnisse aus flächenbezogenen Auswertungen der Datenbank Gefäßpflanzen, die in standardisierten Ergebnistabellen abgelegt werden, mit Flächeninformationen aus thematischen Karten des LANIS verknüpft und zur Darstellung gebracht.

Datensituation

Die in der zentralen Datenbank der floristischen Kartierung zusammengeführten Daten sind das Ergebnis jahrelanger, oft auf ehrenamtlicher Tätigkeit basierender Erhebungstätigkeit von regionalen Kartierungsprojekten in der ganzen Bundesrepublik. Je nach Einzelprojekt werden die Daten meist rasterbasierend (in unterschiedlich feinen Unterteilungen des Meßtischblatt-Grundrasters=TK 1:25000), seltener punktscharf (als Fundpunkt-Koordinaten) erhoben.

Für bundesweite Übersichten werden die Angaben auf das gröbste Raster (Meßtischblatt-Raster) aggregiert. Folgende Views stehen zur Verfügung:

- Anzahl nachgewiesener Arten pro TK 25
- Anzahl nachgewiesener Rote Liste Arten pro TK 25
- Verbreitungskarten einiger Rote Liste Arten
- Karte der Zentral- und Regionalstellen

Anzahl nachgewiesener Arten pro TK25

Die Karte „Anzahl der Arten" gibt einen Überblick über den derzeitigen Datenstand in der zentralen Datenbank der floristischen Kartierung. Mit dieser Karte lassen sich Gebiete ermitteln, die aufgrund Ihrer hohen Artenzahl eine große biologische Vielfalt aufweisen. Den Umkehrschluß kann man jedoch nicht unbedingt ziehen, da trotz des bereits sehr großen Datenvolumens der Bearbeitungsstand noch nicht ganz homogen für das gesamte Gebiet Deuschlands ist. So können Gebiete mit niedriger Artenzahl sowohl aus dem ärmeren Arteninventar als auch aus einer bislang noch weniger intensiven Bearbeitung resultieren. Durch die Überlagerung mit der Karte der naturräumlichen Gliederung lassen sich Auswertungen über das Arteninventar, von Naturräumen durchführen. So kann man ermitteln, welche Naturräume für das Vorkommen von Gefäßpflanzen besonders bedeutsam sind.

Ermittlung der Artenzahlen: Es wurde auf der Basis von ganzen Meßtischblättern (TK 1:25000) die Anzahl der bisher gespeicherten Sippennachweise ermittelt. Bei der Auszählung wurde eine eventuell vorhandene Namens-Synonymik aufgelöst, d.h. die Angabe von mehreren Namenssynonymen einer Art im gleichen Meßtischblatt wurde nicht mehrfach gezählt. Die Mehrfachzählung wurde jedoch nicht bei der Angabe von Arten und Unterarten bzw. Aggregaten und Kleinarten unterdrückt, da mit der gröberen Angabe (Art bzw. Aggregat) eventuell eine andere Sippe, als die zusätzlich nachgewiesene Unterart bzw. Kleinart vorhanden sein könnte.

Anzahl nachgewiesener Rote Liste Arten pro TK25

Zum Instrumentarium des angewandten Naturschutzes gehören seit vielen Jahren die Roten Listen, mit denen der Rückgang, die Gefährdung und die Seltenheit von Arten dokumentiert wird. Bei einem konsolidierten Datenbestand der Datenbank Gefäßpflanzen kann zur künftigen Erstellung der bundesweiten Roten Liste eine objektive Datenbasis geliefert werden, wenn die Gesamtzahl der Nachweise einer Art in der Datenbank der tatsächlichen Bestandssituation entspricht.

Die Karte gibt einen Überblick über Gebiete, die aufgrund ihrer hohen Anzahl nachgewiesener Rote Liste Arten von besonderem Wert für den Naturschutz sind. Der Umkehrschluß ist hier ebenfalls nicht erlaubt, da zusätzlich zum heterogenen Bearbeitungsstand aus floristischer Sicht unbedeutende Gebiete für andere Organismengruppen von hohem Wert sein können. Durch die Überlagerung mit der Karte der Verwaltungsgliederung lassen sich z. B. Landkreise ermitteln, in denen besonders viele Arten der Roten Liste vorkommen. Die Ermittlung der Artenzahlen erfolgte auf gleiche Weise, wie oben beschrieben, mit der Einschränkung auf die Arten der Roten Liste der BRD.

Verbreitungskarten einiger Rote Liste Arten

Als Beispiel für die Darstellung von Verbreitungskarten dienen die Daten von einigen Rote Liste Arten. Es wird eine zeitliche Differenzierung und eine Differenzierung nach der Natürlichkeit des Vorkommens vorgenommen. So zeigt die Anzahl der Nachweise, die vor 1945 erfolgte und für die es keine aktuellere Angabe mehr gibt an, welche Arten aufgrund eines Rückgangs von geeigneten Lebensräumen selten geworden sind.

Die Überlagerung mit der Karte der Regionalstellen kann benutzt werden, um zu ermitteln, wo gegebenenfalls detaillierte Informationen zum Vorkommen von Rote Liste Arten erhältlich sein können.

Handlungsanweisung

Folgende Funktionen werden zunächst beschrieben:

- Verknüpfung von Geometrie- und Sachdaten
- Einschränkung der Ergebnismenge
- Darstellung unter Einbeziehung weiterer thematischer Karten

Organisationsstruktur der Floristischen Kartierung

Wenn Sie das erste View „Willkommen im Projekt" schließen wird automatisch das zweite View „Regional- und Zentralstellen der Floristischen Kartierung" geöffnet. Wählen Sie in der View-Werkzeugleiste die „Identifizierungs" Schaltfläche und klicken Sie auf der Karte ein Rasterfeld an (das entspricht einem Blatt der Topographischen Karte 1:25.000). Sie erhalten dann den für Ihr Gebiet zuständigen Zentralstellenleiter.

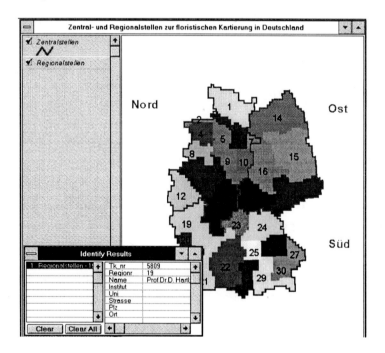

Karte „Anzahl der Arten"

Schließen Sie das View „Zentral- und Regionalstellen..." und wählen Sie in der Menüleiste der Projekt-Benutzeroberfläche unter Karten das Untermenü „1.Anzahl der Arten" (Aufgrund der großen Datenmenge dauert es einen Moment bis die Karte erscheint).

Heben Sie das Thema „Anzahl der Arten" durch einfaches Anklicken in der Legende hervor, und öffnen Sie anschließend die zugehörige Tabelle „Attribute von Anzahl der Arten" mit der Schaltfläche „Thementabelle öffnen". Die Tabelle stellt Ihnen zusätzlich zur Karte auch die nicht klassifizierten Daten zur Verfügung.

Zur besseren räumlichen Orientierung können Sie sich in der View-Menüleiste unter „Topografie" einige Flüsse, und unter „Verwaltungsgrenzen" beispielsweise die Grenzen der Bundesländer zeichnen lassen (dazu ist teilweise ein erneuter Bildschirmaufbau nötig).

Lassen Sie einen Ausschnitt aus der Karte der Naturräumlichen Gliederung zeichnen (in der ArcView-Menüleiste unter „Karten" finden Sie den Menüpunkt „nat13"). Aktivieren Sie das Thema, und legen Sie den Bildausschnitt auf die Naturräume (mit der Schaltfläche "Vergrößern auf Ansicht").

Wählen Sie mit Hilfe des Abfrage-Managers einen Naturraum aus, beispielsweise ([Name] = „Grabfeld"). Klicken Sie „Neue Auswahl".

Selektieren Sie alle Rasterfelder, deren Mittelpunkte in dem ausgewählten Naturraum liegen. Aktivieren Sie dazu zunächst das Thema „Anzahl der Arten" und führen sie mit „Thema" / „Thema analysieren..." die entsprechende Abfrage aus.

Aktivieren Sie in der Tabelle „Attribute von Anzahl der Arten" das Feld „Anz", und lassen Sie sich mit dem Menü „Feld" und dem entsprechenden Untermenü „Statistik" die Statistik anzeigen.

Vergleichen Sie mehrere Naturräume miteinander !

Karte „Rote Liste Arten"

Schließen Sie das View „Anzahl der Arten". Wählen Sie in der Projektmenüleiste unter Karten „2.RoteListeArten". (Wegen der großen Datenmenge dauert es einen Augenblick, bevor das Thema aufgebaut ist).

Wählen Sie unter „Karten" zusätzlich die Kreisgrenzen des Saarlandes („kr_sl"). Aktivieren Sie das Thema durch einfaches Anklicken in der Legende, und vergrößern Sie den Bildausschnitt mit der Schaltfläche „Vergrößern".

Aktivieren Sie das Thema „RoteListeArten" durch einfaches Anklicken in der Legende, und bilden Sie anhand der Kreisgrenzen einen räumlichen Ausschnitt der Rasterkarte.

Wählen Sie im Projektfenster „Tabellen" aus, und öffnen Sie die Tabelle „artanz.dbf", welche die Anzahl der Arten pro „Tk_nr" enthält. Aktivieren Sie die Spalte „Tk_nr" zuerst in „artanz.dbf" und anschließend in „Attribute von RoteListeArten".

Vereinigen Sie beide Tabellen über das gemeinsame Feld „Tk_nr" mit der Schaltfläche „Verbinden".

Dabei muß die Tabelle „Attribute von RoteListeArten" aktiv sein. Als Ergebnis verschwindet die Tabelle „artanz.dbf" und deren Inhalt wird an die noch sichtbare Tabelle „Attribute von RoteListeArten" angehängt.

Anschließend können Sie das Ergebnis durch ein Balkendiagramm visualisieren. Klicken Sie dazu die Schaltfläche „Spaltendiagrammauswahl" an. Wählen Sie das Feld „Anz" und in „Reihe Beschriften mit" „Tk_nr". Damit wird die Artenanzahl pro Tk-Nummer dargestellt.

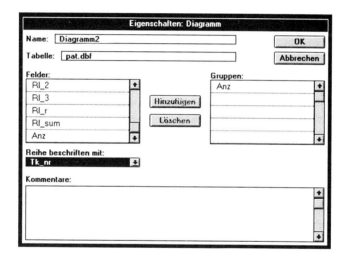

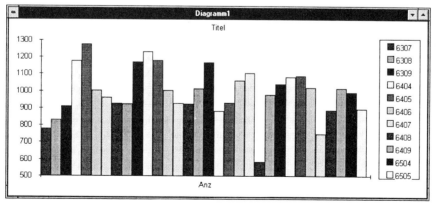

Klicken Sie einen Balken des Diagramms an, um einzelne Werte abzufragen. Zusätzlich können die TK-Nummern auf der Karte dargestellt werden, indem Sie im Dialogfenster „Eigenschaften: Thema" Textbeschriftungen wählen und dort im Beschriftungsfeld Tk_nr eintragen. Anschließend müssen Sie in den View wechseln und im Menü „Thema" „Autom. Beschriftung" wählen.

Weitere Übungsvorschläge

Verbreitungskarten

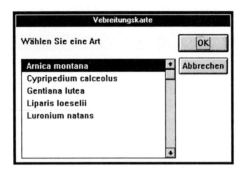

Es stehen Ihnen unter Karten und dem entsprechenden Untermenü fünf Verbreitungskarten zur Verfügung. (Die Kurzbeschreibung der einzelnen Arten ist nur beispielhaft und stellvertretend für eine korrekte wissenschaftliche Artbeschreibung gedacht.)

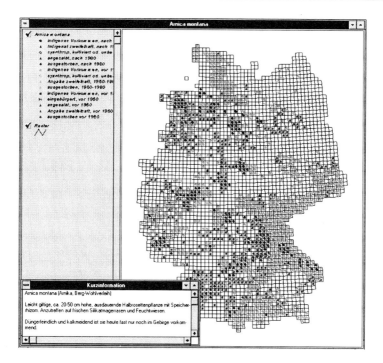

Falls Sie beispielsweise alle als ausgestorben gemeldeten Artvorkommen sehen möchten, empfiehlt sich folgende Vorgehensweise: Öffnen Sie den Legenden-Editor durch zweifaches Anklicken des Themas in der Legende. Dadurch erhalten Sie hinter jedem Symbol die in der Datenbank stehenden Werte (values). Sie brauchen diese Werte, um eine entsprechende Abfrage mit Hilfe des Abfrage-Managers formulieren zu können.

Mit „Bearbeiten" / „Thema kopieren" und „Bearbeiten" / „Einfügen" können Sie bei Bedarf das Thema „Regionalstellen" aus dem entsprechenden View „Die Regional- und Zentralstellen..." in ihr aktuelles View der Verbreitungskarte kopieren.

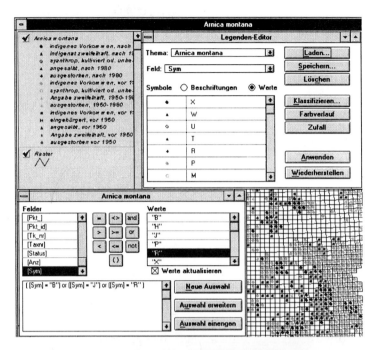

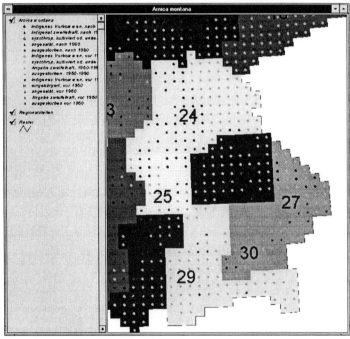

NATUR- UND BIOTOPSCHUTZ

Axel Malinek, Klaus Schmalz
unter Mitarbeit von Christoph Richter und Tina Kapka

Lektion 7: Pflege- und Entwicklungsplan für das Schutzgebiet „Mündungsgebiet der Isar"

Steckbrief	
GIS-Themen	– Auswertung von thematischen Karten
	– Verknüpfung von Geometrie und Sachdaten
ArcView-Funktionen	– Import von tabellarischen Daten und deren geographische Darstellung
	– Attributspezifisches Erstellen von Statistiken, Diagrammen und Karten
	– Ergebnisdarstellung als Karte, Tabelle, Tischvorlage und Aktenbeilage
Anwender	– Naturschutzbehörden, Planende Verwaltung
	– Wasserwirtschaftsbehörden
	– Planungsbüros
Datenquellen	– Landratsamt Deggendorf, Digitale Datenbasis des Pflege- und Entwicklungsplanes „Untere Isar". Verfasser: Planungsbüro Dr. Jörg Schaller, Kranzberg

Autoren:

Dipl.-Ing. (FH) Axel Malinek, Jahrgang 1965, studierte Landespflege mit Schwerpunkt Landschaftsplanung an der Fachhochschule Weihenstephan. Abschluß des Studiums mit einer Arbeit über Konzepte zum „sanften Tourismus" in den Alpen. Seit 1991 Mitarbeiter im Planungsbüro Dr. Schaller, Ringstraße 7, 85402 Kranzberg, mit dem Schwerpunkt Pflege- und Entwicklungsplanung in Schutzgebieten. Daneben tätig als Ausbilder und Lehrgangsleiter für den Deutschen Alpenverein in den Sachgebieten Naturschutz und Alpenökologie.

Dipl.-Biol. Klaus Schmalz, Jahrgang 1961, studierte Biologie an der Universität Regensburg mit den Schwerpunkten Tierökologie und Botanik. Abschluß mit einer Arbeit über die Weichtiergesellschaften eines voralpinen Flußtales, im Rahmen der Ökosystemforschung Salzachtal (gefördert durch die Bayerische Akademie für Naturschutz und Landschaftspflege). 1987 - 1989 hauptberuflich regionaler Koordinator der Bayerischen Ornithologischen Gesellschaft für die Gutachtertätigkeiten im Ostbayerischen Donautal. Seit 1989 leitender Mitarbeiter im Planungsbüro Dr. Schaller, Ringstraße 7, 85402 Kranzberg, mit den Schwerpunkten Auenökologie und ökologische Langzeitbeobachtung. Daneben zahlreiche Aktivitäten als Vorstandsmitglied oder Fachbeirat in naturwissenschaftlichen Gesellschaften und Verbänden, u.a. als 2. Vorsitzender der Bayerischen Ornithologischen Gesellschaft.

Dipl.-Ing. (FH) Christoph Richter, Büro ILI, Jahrgang 1965, studierte Landespflege an der Fachhochschule Weihenstephan mit dem Schwerpunkt Landschaftsplanung. Seit 1993 ist er als Systemverwalter an der Fachhochschule Weihenstephan beschäftigt und verantwortlich für die GIS-Systeme im Fachbereich Landespflege. Seit 1994 ist er Mitinhaber des Ingenieur-Büros für Landschaftsinformatik (ILI), Bahnhofstraße 18 in Freising.

Tina Kapka, Jahrgang 1966, B.S. Environmental Management, University of Rhode Island. Dezember 1994 - Schwerpunkt: GIS-Anwendung im Bereich Hydrologie, Ozeanographie, Forstwirtschaft und Landschaftsplanung, Bodenkunde und Biotopmanagement. Nach dem Studium Applikationsentwicklung im Bereich GIS.

Einführung

Kurzbeschreibung der Planung

Das Planungsbüro Dr. Schaller erstellte von 1990 bis 1996 im Auftrag des Landkreises Deggendorf einen Pflege- und Entwicklungsplan für das "Mündungsgebiet der Isar", ein Gebiet mit gesamtstaatlich repräsentativer Bedeutung . Planungsziel war die Entwicklung, langfristige Sicherung und Sanierung einer der ökologisch bedeutendsten deutschen Flußlandschaften. Dazu wurden zahlreich vorhandene Datenquellen ausgewertet und umfangreiche Erhebungen zu Standortbedingungen, Flora, Fauna und Nutzung des Gebietes gemacht. Nach Bewertung der bestehenden Verhältnisse wurden zahlreiche Maßnahmenkonzepte (z.B. Konzept zur Herstellung und Pflege von Kopfweiden-, Nieder- und Mittelwaldkomplexen) aufgestellt. Für Kernbereiche (ca. 30% der Fläche des Gesamtgebietes) wurde eine ausführungsreife, flurstücksgenaue Detailplanung biotoplenkender Erstmaßnahmen erstellt. Unter "biotoplenkenden Erstmaßnahmen" versteht man Maßnahmen, die zur Erlangung eines naturschutzfachlich erwünschten (Ausgangs-) Zustandes der jeweiligen Fläche notwendig sind. Im Anschluß können Pflegemaßnahmen einsetzen, um den gewünschten Zielzustand zu erreichen. Für das gesamte Untersuchungsgebiet wurde ein Maßnahmengrobkonzept entwickelt.

Datensituation

Nach Erhebung der einzelnen Daten im Gelände bzw. nach Auswertung verschiedener Quellen wurden die wesentlichen flächenbezogenen Daten, die vor allem für den Verwaltungsvollzug wichtig sind, digital für ein GIS aufbereitet. Hauptaugenmerk lag dabei auf einer digitalen Nutzungs- und Kleinstrukturenkarte, versehen mit den amtlichen Flurstücksgrenzen, auf der alle weiteren Planungen und insbesondere die Umsetzung aufbauen. Daneben wurden Themen wie Morphologie einzelner Kernbereiche, Bodenart, Vegetation, verschiedene Überflutungsereignisse oder (potentielle) Wiesenbrütergebiete unter ARC-INFO weiterbearbeitet.

Alle Grundlagendaten wurden in dem View "Entwicklungsziele" zusammengefaßt, auf dem die (vorerst manuell abgewickelte) Maßnahmenplanung aufbaute.

Mit dem Start des Projektes wird automatisch ein Fenster mit dem Titel "Projektinformation" geöffnet, das bereits aktivierte "Hot Links" enthält. Durch Anklicken der auf dem Hintergrund eines Infrarot (IR)-Falschfarben-Luftbildes dargestellten Textleisten und Logos können weitere Informationen zum Projekt selbst abgerufen werden. In der Schaltflächen-Leiste des Programmes erscheinen rechts vier weitere Knöpfe, die auf die dargestellten Views verweisen:

G   Gesamtgebiet
2   Kernbereich 2
3   Kernbereich 3
x   aufgerufenen View wieder schließen

Aus Gründen der Zeitersparnis beim Aufrufen/Schließen der jeweiligen Views empfiehlt sich der verkürzte Weg über die o.a. Schaltfläche.

Geht man in das View "Gesamtgebiet", so stellt sich die Situation wie folgt dar:

Angeschaltet sind die Themen Flurstücksgrenze und Kernbereiche sowie zusätzlich erläuternde Beschriftungen. Bei den übrigen Themen ist die Legende ausgeblendet und nur der Themenname sichtbar. Die Legenden können durch Anklicken des gewünschten Themas und LEGENDE AUSBLENDEN/ANZEIGEN aus dem Menü THEMA sichtbar gemacht werden. Das View "Gesamtgebiet" enthält alle digital vorliegenden Daten, die hier vom Anwender einzusehen sind. Auf der Ebene der einzelnen Kernbereiche sind zur besseren Übersichtlichkeit verschiedene Themen weggelassen worden.

Hinweis:
Die Datenbasis für das Gesamtgebiet ist sehr umfangreich und je nach Kapazität und Geschwindigkeit Ihres Rechners kann der Bildaufbau recht lange dauern. Um sich einen Überblick zu verschaffen, sollten Sie zunächst nur die Themen Kernbereiche 2 und 9, Bodenart und Flurkarten aktivieren. Flurstücksgrenzen, Vegetation etc. haben ein hohe Flächenauflösung und benötigen daher auch Rechnerzeit.

Folgende *Themen* liegen vor (nicht in allen Views sind sämtliche *Themen* dargestellt):

Themenübersicht

- Bodenkarte
- Bodenart
- Gründigkeit
- Kernbereiche
- Kleinstruktur
- Kleinstruktur, linear
- Landschaftsökologische Feingliederung [1]
- Vegetation
- Vegetation, linear
- Flurkarten
- Flurstücksgrenzen

- Entwicklungsziele
- Ziel, linear
- Beweidung
- Beruhigte Bereiche [2]
- Wiesenbrüter
- Besondere Gewässer [3]
- Flur-/Ortsnamen
- Flurnamen
- Geländehöhen
- Überflutung

[1] Landschaftsökologisches Leitbild
[2] besonders beruhigte Bereiche
[3] Gewässer mit besonderer Bedeutung für den Artenschutz

Daten zu den einzelnen Themen liegen in den jeweiligen *Tabellen* vor. In den *Legenden* werden die jeweiligen Themen erläutert.

Zusätzlich wurden beispielhaft Fotografien zum Status quo einzelner Kernbereiche digitalisiert (gescannt) und als *-tif*-Datei dem entsprechenden *View* zugeordnet. Mittels der 'HOT LINK'-Schaltfläche wurde eine

Verbindung zwischen Thema und Foto definiert, die bei Bedarf abgerufen werden kann. Am Beispiel kann dies durch Anklicken der gekennzeichneten Kernbereiche 2 (Luftbild) und 3 (Landschaftsbild) mit dem zum Blitzsymbol geänderten Mauszeiger in der Übersichtskarte erfolgen.

Aufgabenstellung

Fallbeispiel A: Flächenbilanz landwirtschaftlicher Nutzung

Im Zuge der Umsetzung der Planung benötigt das Landratsamt einen Lageplan sowie eine Flächenbilanz der intensiv landwirtschaftlich genutzten Flächen im **Kernbereich 2**. Angeschaltet sind „Flurstücksgrenzen" und „Realnutzung/Kleinstrukturen", bei den übrigen Themen ist die Legende ausgeblendet und nur der Themenname sichtbar. Über 'LEGENDE AUSBLENDEN/ANZEIGEN' sind die Legenden, analog zur Übersichtskarte darzustellen.

Auf dem Lageplan sollen, für den Mitarbeiter des Landratsamtes klar ersichtlich, Flurstücksgrenzen und Flurstücksnummern abgebildet sein. Die ausgewählten Nutzungstypen (im Beispiel: Acker, intensiv genutztes Grünland) werden durch eine geeignete Signatur hervorgehoben. Anschließend sollen die entsprechenden Flächen tabellarisch dargestellt werden.

Das Ergebnis soll dazu dienen, geeignete Flächen für Extensivierung oder Ankauf durch den Planungsträger herauszufiltern.

Fallbeispiel B: Ermittlung der Pflegekosten

Für die flurstücksgenaue Detailplanung in den Kernbereichen liegt eine ausführliche, flächenscharfe Kostenkalkulation vor.

Am Beispiel des **Kernbereich 3** soll gezeigt werden, wie der Planungsträger den für die Umsetzung zu erwartenden Kostenrahmen weiter abschätzen und mit anderen Bewirtschaftungsformen vergleichen kann. Es soll eine Aufstellung der anfallenden Umsetzungskosten im Vergleich

Ertrag/ha zu Pflege- und Entwicklungskosten/ha (=Kosten_ha in der Tabelle) erfolgen. Dazu wurden in der bestehenden Datenbank (dbase-Datei) neue Spalten hinzugefügt, in der für alle landwirtschaftlich genutzten Flächen der geschätzte Ertrag dargestellt ist. Dabei ist unterschieden in extensive Nutzung (zzgl. Förderprogramme) und intensive Nutzung. Die Spalten unterscheiden sich somit in:

- Kosten-ha bzw. Kosten-TF: Kosten, wenn die Fläche im Besitz des Landratsamtes ist und externe Unternehmer (z.B. Maschinenring) zur Erstmaßnahme/Erstpflege herangezogen werden müssen.

- Ext_HA bzw. Ext_TF: Kosten bzw. Erlöse, wenn die Flächen im Besitz des Landwirtes bleiben und extensiv, d.h. nach Vorgaben von und mit Bezuschußung durch Naturschutzprogramme, genutzt werden.

- Int_HA bzw. Int_TF: Kosten bzw. Erlöse, wenn die Flächen vom Landwirt auf intensive Weise genutzt werden.

Angeschaltet sind anfangs wiederum „Flurstücksgrenzen" und „Realnutzung/Kleinstrukturen", bei den übrigen Themen ist die Legende ausgeblendet und nur der Themenname sichtbar. Über 'LEGENDE AUSBLENDEN/ANZEIGEN' sind die Legenden, analog zur Übersichtskarte darzustellen.

Handlungsanweisung

Fallbeispiel A: Flächenbilanz landwirtschaftlicher Nutzung

Als Ausgangssitutation wird das View **"Kernbereich 2"** mit den Themen "Kleinstruktur" und "Flurstücksgrenzen" aufgerufen. Anschließend sollen die intensiv genutzten Flächen selektiert werden. Zuerst muß mit 'Thema hinzufügen' aus dem Menü VIEW ein neues Thema eingefügt werden. Ausgewählt wird hierfür die OBJEKTDATENQUELLE aus dem Verzeichnis "...\u_isar\real-d".

Nach Aktivierung des Themas „REALZ" wird zur Auswahl der zu selektierenden Nutzungstypen aus dem Menü THEMA der Punkt EIGENSCHAFTEN angewählt. Im Anschluß wird ein neuer Name, im Beispiel „Intensivnutzungen", vergeben. Im Feld DEFINITION werden entsprechende Nutzungstypen durch Anklicken des Abfrage-Managers angewählt. Der entsprechende Befehl lautet „([KENNEU]<=„Ag")or ([KENNEU]>=„Ia") and ([KENNEU]>= „Iz"))" und wird mit OK bestätigt.

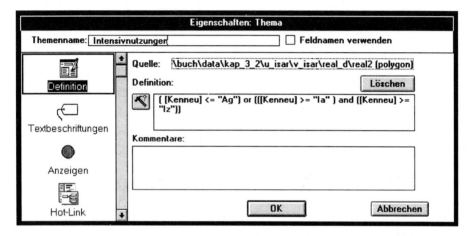

Die Darstellung der selektierten Nutzungstypen wird folgendermaßen abgewickelt:

Zuerst Doppelklicken auf das Thema „Intensivnutzungen", dabei im Legendeneditor das Feld KEIN belassen. Durch Doppelklicken die Symbolpalette öffnen und die passende Schraffur anwählen, ohne die darunterliegenden Kleinstrukturen völlig zu verdecken.

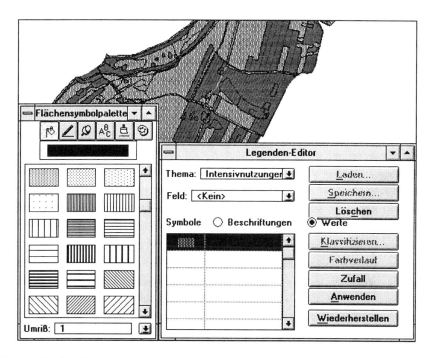

Wenn die flächige Darstellung der selektierten Felder gewünscht wird, kann dieses über den Abfrage-Manager geschehen. Die Felder können dann in einer entsprechend ausgewählten Farbe dargestellt werden.

Zur Erstellung einer Tabelle und einer Präsentations- oder Übersichtskarte wird folgender Weg vorgeschlagen:

- Im Projektfenster TABELLE wird das Feld HINZUFÜGEN angeklickt und die INFO-Tabelle „v_isar\gesamt_d\info\GESAMT2.PAT" hinzugefügt. Anschließend wird die Datei „intgrup.dbf" geöffnet. In dieser und in der Tabelle „GESAMT2.PAT" wird die Spalte „Kenneu" markiert und beide Tabellen mit der Verbindungsschaltfläche verknüpft.

- Über das Menü TABELLE: EIGENSCHAFTEN wird der Name „Nutzungstabelle" vergeben und folgende Felder mit Zusatzbezeichnungen (Aliases) belegt:

AREA - Fläche (qm)
PERIMETER - Umfang (m)
ZUSATZ - Flurstücksnummer
GRUPPE - Gruppe

- Anschließend wird die Spalte GRUPPE markiert, der erste Datensatz mit negativer Fläche ausgewählt und die Selektion mit dem Menü BEARBEITEN: AUSWAHL UMKEHREN vertauscht. Die Statistik wird mit dem Menü FELD: FELDSTATISTIK ERSTELLEN (Option: Fläche_Sum) erstellt, unter „V_user\gruppen2.dbf" abgespeichert und nach Bedarf ausgedruckt.

- Mit dem Menü TABELLE/DIAGRAMM kann aus dieser Tabelle eine Graphik (im Beispiel: „Gruppen2") erstellt werden. Verwendet werden Flächensummen (Felder) und die jeweiligen Gruppen (Reihenbeschriften mit), die Farbzuweisung kann manuell mit dem Diagramm Werkzeug 'MALEN' erfolgen. Günstig für die Darstellung des Beispiels ist ein Tortendiagramm, Titel und Beschriftung der Graphik können nach Benutzung des Werkzeugs 'Bearbeiten' durch Doppelklicken geändert/angepaßt werden.

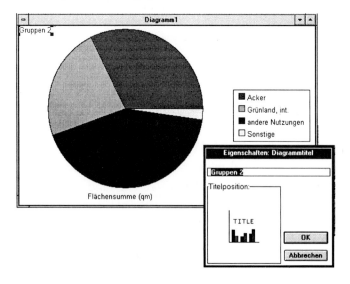

Fallbeispiel B: Pflegekosten

Wie unter Aufgabenstellung B beschrieben, erscheint beim Öffnen des Views „Kernbereich 3" die Flächengeometrie mit den Themen „Flurstücksgrenzen" und „Kleinstruktur/Realnutzung". Auch hier sind bei Bedarf weitere Informationen zugänglich, die sich über die Themenleiste anwählen lassen.

Als erster Schritt des Übungsbeispieles wird mit dem Menü VIEW/THEMA HINZUFÜGEN ein weiteres Thema eingefügt (Cover U_ISAR/V.ISAR/GESAMT_D/GESAMT3). Als Name soll „Kosten/ha" vergeben werden. Mit dem Menü THEMA/TABELLE kann die zum Thema gehörende Tabelle aufgerufen werden. Anschließend wird die Kostentabelle „Kern3.dbf" im Projektfenster geöffnet: Spalte „Zeiger" markiert. Die Spalte MASS wird in der Tabelle „Attributes of Kosten/ha" ebenfalls markiert und beide Tabellen im Anschluß durch die Schaltfläche „Tabelle verbinden" verknüpft. Zur besseren Übersicht können in der Tabelle "Attributes of Kosten/ha" mit dem Menü „Tabelle/Eigenschaften Tabelle" die nicht benötigten Felder deaktiviert werden.

Der Vorgang wird wiederholt für „Kennziel" in „Ziel.dbf" und „Attributes of Kosten/ha" sowie für „Kenneu" in „Nutzung.dbf" und „Attributes of Kosten/ha".

Anschließend wird in das View „Kernbereich 3" gewechselt. Dort sollen über den Abfrage-Manager nur die Flächen dargestellt werden, für die auch Maßnahmen durchgeführt werden. Also Selektion auf MASSNAHME 1 > 0.

Die Legendendarstellung erfolgt über das Feld "Kosten/ha" mit der Abstufung "1-2500", "2500-5 000", "5000-10000" und ">10 000" im Symbol „Werte".

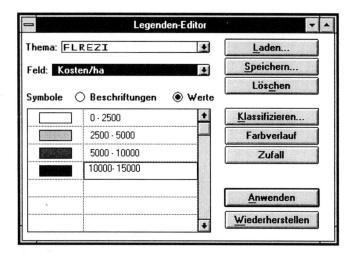

Dabei ist zu beachten, daß im Übungsbeispiel modellhaft nur Grünländer weiterbearbeitet wurden. Zu Übungszwecken kann der Anwender hier weitere Daten einbringen und das View entsprechend weiterbearbeiten.

Dasselbe geschieht mit dem Feld „Zusatz DM" im Symbol „Beschriftungen". Die Farben werden über die Taste 'Farbverlauf' definiert. Im Beispiel ist die teuerste Maßnahme am dunkelsten und die billigste am hellsten zu wählen, um dann mit 'Farbverlauf' eine farbige Darstellung durch 'Anwenden' zu erhalten.. Sinnvoll ist es, die nicht in die Kalkulaton miteinbezogenen Flächen mit transparenter Darstellung zu belegen.

Für die Anwendung auf andere Kostenbereiche wird das Thema kopiert und ein neues Feld für die Legende gewählt (am Beispiel entweder „ext_ha" oder „int_ha"). In Folge muß dann auch die Abstufung auf 1-200, 200-500 und > 500 abgeändert werden. Die Anwendung verschafft somit einen schnellen Überblick über anfallende Kosten bzw. Schwerpunktbereiche.

Die Legende zu "NutzExt/ha" soll gestaffelt werden in "< 0 (Verlust bis DM 200.-)" und "> 0 (Gewinn bis DM 200.-)". Für die Darstellung werden die Werte für "NutzInt/ha" abgestuft in "< 0 (Verlust bis DM 100.-)" und "> 0 (Gewinn bis DM 100.-)".

Denkbar sind hier weitere Selektionen, z.B. auf „Intensivgrünland" mit dem Abfrage-Manager, ebenso die Erstellung dazugehöriger Statistiken und Diagramme.

Ergebnisse

Die Beispiele zeigen, daß unter einem Desktop-GIS umfangreiche Daten sinnvoll verwaltet, angewendet und auch weiterentwickelt werden können. Dabei ist es möglich, auf jede nutzerspezifische Anforderung individuell zu reagieren und entsprechende Abfragen zu starten. Hinzu kommt der Vorteil der schnellen Erstellung von Unterlagen für Präsentation, Planung und Geländearbeit.

Im Falle des hier dargestellten Projektes hatte die verwendete Software vorerst noch die Funktion eines Datenhaltungs- und -verwaltungssystems. Vom Anwender (Landratsamt Deggendorf) werden bisher zumeist noch einfache Abfragen durchgeführt (s. Aufgabenstellung A), die die Umsetzung des Gesamtprojektes unterstützen. Mit zunehmender Routine der Anwender ist daran gedacht, weitergehende Anwendungen (z.B. Kartenlayouts erstellen, Erarbeiten von Scripts zur Automatisierung von Arbeitsabläufen etc.) durchzuführen.

Im Beispiel wurde bewußt darauf verzichtet, Kürzel oder Codes zu erläutern. Es geht primär darum zu zeigen, wie ein Geographisches Informationssystem in der täglichen Praxis des Verwaltungsvollzuges eingesetzt werden kann.

NATUR- UND BIOTOPSCHUTZ

Walter Demel, Helmut Franz, Ulrich Kias

Lektion 8: **Landnutzung und Landschaftswandel im Biosphärenreservat Berchtesgaden**

Steckbrief	
GIS-Themen	– Auswertung von thematatischen Ebenen
	– Räumliche Analysen
ArcView-Funktionen	– Überlagerung von Themen
	– Datenbankabfragen
	– Darstellung der Ergebnisse als Tabelle, Diagramm und Layout
Anwender	– Nationalparkverwaltung, Ökosystemforschung
Datenquellen	– Alle Daten © Nationalparkverwaltung Berchtesgaden.

Autoren:

Dipl.-Ing. (FH) Walter Demel, Jahrgang 1968, studierte Landespflege mit Studienrichtung Landschaftsplanung an der Fachhochschule Weihenstephan. Seit 1993 als technischer Angestellter an der Fachhochschule Weihenstephan tätig in den Bereichen Fernerkundung und Geographische Informationssysteme. Adresse: Zentrum für Landschaftsinformatik, 85350 Freising.

Helmut Franz, Jahrgang 1950, studierte Biologie an der Universität Bonn. Schwerpunkte: Ökologie, Limnologie. Danach Sekretariatsführung für das Deutsche Nationalkomitee des UNESCO-Programms 'Man and Biosphere (MAB)'. Anschließend limnologische und zoologische Arbeiten im MAB-Projekt 'Der Einfluß des Menschen auf Hochgebirgs-Ökosysteme' in Berchtesgaden. Derzeit verantwortlich für die Informationssysteme der Nationalparkverwaltung Berchtesgaden, Doktorberg 6, 83471 Berchtesgaden.

Prof. Dr. Ulrich Kias, Jahrgang 1955, studierte Landespflege und Geographie an den Universitäten Essen und Münster. Tätigkeit als wissenschaftlicher Angestellter am Institut für Orts-, Regional- und Landesplanung der ETH Zürich. Seit 1988 Professor für Landschaftsinformatik an der Fachhochschule Weihenstephan, Zentrum für Landschaftsinformatik, 85350 Freising.

Einführung

Für das 'Man and Biosphere Program' (MAB) der UNESCO wurde von 1980 bis 1991 die Ökosystemforschung Berchtesgaden durch das Umweltbundesamt Berlin und das Bayerische Staatsministerium für Landesentwicklung und Umweltfragen finanziert. Zentrale Fragestellung ist der Einfluß des Menschen auf Ökosystemkomplexe im Hochgebirge, die von intensiv genutzten bis hin zu natürlichen Teilsystemen reichen. Diese Arbeiten wurden im Nationalpark und Biosphärenreservat Berchtesgaden durchgeführt.

Im speziellen Falle des GIS Berchtesgaden wurde die **Landnutzung** als Ausgangsgeometrie verwendet. Eines der Kernstücke des GIS Berchtesgaden ist eine flächendeckende Realnutzungskartierung des Untersuchungsgebiets. Um die Datenbasis für die laufenden Arbeiten auf dem neuesten Stand zu halten, hat sich die Nationalparkverwaltung zu einer turnusmäßigen Aktualisierung der Realnutzungskartierung entschlossen.

Die Basisgeometrie der Realnutzung entstand durch Interpretation von Falschfarben-Infrarotluftbildern (CIR-Luftbildern) aus dem Jahre 1980 (Maßstab rund 1:10.000) - in diese Erhebung wurden Geländekartierungen integriert - und anschließender lagegenauer Hochzeichnung über Schwarzweiß-Orthophotos, die im Maßstab 1:10.000 vorliegen. Diese Hochzeichnung diente als Digitalisiervorlage.

Mit der Entwicklung einer Methodik für die Fortschreibung dieser Realnutzungskarte und auch der praktischen Ausführung beschäftigt sich, in enger Zusammenarbeit mit der Nationalparkverwaltung, seit Frühjahr 1993 unter Leitung von Prof. Dr. U. Kias das Zentrum für Landschaftsinformatik am Fachbereich Landespflege der Fachhochschule Weihenstephan. Diese Arbeit wurde bis auf einige wenige Geländekontrollen, die erst im Sommer durchgeführt werden können, abgeschlossen.

Aufgabenstellung

Nachdem die Realnutzung flächendeckend in zwei Fassungen (1980 und 1990) vorliegt, stellt sich die Frage des Landschaftswandels, der Auswerte- und der Darstellungsmöglichkeiten. Im Falle der Realnutzungskarte des Biosphärenreservats Berchtesgaden lag es nahe, die komplexeren Analyse- und Verschneidungsarbeiten mit ARC/INFO, die Kartographie jedoch mit ArcView durchzuführen.

Für diese Übungsaufgabe wurde die aktuelle Landnutzungskarte mit dem Altbestand verschnitten und zu der Polygon-Attribut-Tabelle (PAT) (s. u.) die Spalte Realnutzung '80 ('RN80') hinzugefügt. Damit ist für jede Einzelfläche die vormalige und die aktuelle Nutzung bekannt. In ArcView sollen nun die relativ abstrakten Daten der PAT in allgemein verständliche Karten und Darstellungen überführt und konkrete Fragen zum Landnutzungswandel beantwortet werden.

Datensituation

Der Landnutzungswandel kann anhand der Spalten in der Attributtabelle nachvollzogen werden:

- unverändert
- manuelle Codeumsetzung
- Nutzungsänderung von 1980 auf 1990
- Fehlinterpretation 1980
- Fehlinterpretation 1980 und Nutzungsänderung 1990

Die Codes der Spalten 'Realnutzung 80' und 'Realnutzung 90' haben folgende Bedeutung (Auszug):

Code	Erläuterung
.....	
4200	Mischwald, etwa gleiche Anteile Laub- und Nadelholz
4210	Mischwald, Anteil Laubholz überwiegend
4220	Mischwald, Anteil Nadelholz überwiegend
4230	Fichten-Lärchenwald
4300	Fichten-Monokultur
4410	Windwurf/Schneebruch/Kahlschlag
4610	Waldrand aus Laub- oder Mischwaldarten
4700	Aufgelichteter Nadelwald (überwiegend Fichte)
4720	Aufgelichteter Laubwald
.....	

Zudem werden diese Festsetzungen nach einer Datenqualität unterschieden, d.h. nur durch Luftbildinterpretation nicht eindeutig identifizierbare Flächen wurden als „unsicher" eingestuft. Erst nach Überprüfung solcher Flächen im Gelände wurde die Datenqualität als „sicher" eingestuft. Einige Flächen mußten jedoch in der Kategorie „unsicher" verbleiben, etwa dann, wenn diese sich im Hochgebirge durch Unzugänglichkeit einer Überprüfung entziehen.

Die fertige Attributtabelle sieht schließlich folgendermaßen aus (hier bereits als ArcView-Import-Datei):

Area	Perimeter	Karte21	Karte21_id	Anneu	Cir1	Cir2	Cir3	Dq	Afc
1107.194000	149.926600	98	2137	4700	7200	0	2	1	001
8130.000000	464.645300	99	2138	6082	9112	0	0	0	
10827.500000	678.955800	100	2141	3021	6351	0	0	1	001
4800.169000	659.614300	101	2162	4700	7200	0	2	1	001
4539.416000	275.239900	102	2170	6100	9150	0	0	1	101
1975.000000	237.479100	103	2179	6010	9130	1	0	0	
4344.737000	310.674200	104	2185	4700	7200	0	2	1	011
1625.000000	168.439600	105	2187	3080	6210	0	0	0	
21161.900000	760.726500	106	2191	4220	7400	0	0	1	100

Um die nachfolgenden Arbeitsschritte zu erleichtern, wurde die vorstehende Tabelle des Bearbeitungsgebietes modifiziert, so daß sie beim Aufruf in ArcView nur noch die zum Verständnis notwendigen Spalten, unter verständlicherem Namen, enthält. Als 'Übungsgebiet' liegt Ihnen eine etwa 22km² große Karte aus dem Bereich „Nördlicher Königssee" vor.

Handlungsanweisung

1. Sie können sich im Einleitungsfenster Informationen zu diesem Projekt und den Autoren durch Mausklick auf die entsprechenden Buttons aufrufen. Im View „Landnutzung & Landschaftswandel" aktivieren Sie das Thema 'Karte21' durch Anklicken. Kopieren Sie das Thema mit dem Befehl 'Thema kopieren' im Menü 'Bearbeiten' und fügen Sie es dreimal mit 'Einfügen' in denselben View ein.

Durch die Definition spezieller Legenden können nun die verschiedenen Informationen der Attributtabellen als Themenkarten dargestellt werden. Von Interesse sind im Rahmen dieser Übung folgende Informationen:

- Abgrenzung der Realnutzung zur Orthophotoüberlagerung,
- Status der einzelnen Flächen hinsichtlich Änderungen von 1980 bis 1990,
- Datenqualität bzgl. Interpretationssicherheit und die
- Zusammenfassung der rund 190 Realnutzungstypen zu übersichtlichen Klassen.

Die entsprechenden Legenden sind bereits vorgefertigt und müssen den Themen zugewiesen werden. Dazu gehen Sie wie folgt vor:

2. Aktivieren Sie das erste Thema im View durch Anklicken und benennen Sie es mit 'Eigenschaften' (Menü 'Thema') in 'Nutzungsgrenzen' um. Im Legendeneditor (Legende bearbeiten, Menü 'Thema' oder Doppelklick auf Legende) weisen Sie dem Thema nun ein passendes Symbol zu: In diesem Fall eignet sich eine intensiv farbige Markierung, z.B. hellgrüner Umriß (Farbe für 'Vordergrund' auf transparent stellen = Kästchen ganz links oben in der Palette) für die spätere Überlagerung des S/W - Orthophotos. Den drei weiteren

Themen werden in folgender Reihe neue Namen und die zugehörigen, bereits existierenden Legenden zugewiesen (s. Abb. unten; wenn Sie im Legendeneditor „Symbole" auf „Beschriftungen" setzen, können Sie sich auch gleich die später im View dargestellten Bezeichnungen anzeigen lassen):

zweites Thema: Umbennen in 'Änderungsstatus',
                 Feld 'Änderungsstatus' im Legendeneditor
                 angeben, Legende 'aenderun.avl' laden.
drittes Thema: Umbennen in 'Datenqualität',
                 Feld 'Datenqualität' im Legendeneditor angeben,
                 Legende 'daten.avl' laden.
viertes Thema: Umbennen in 'Nutzungsklassen 1990',
                 Feld 'Realnutzung '90' im Legendeneditor
                 angeben, Legende 'rnneu.avl' laden.

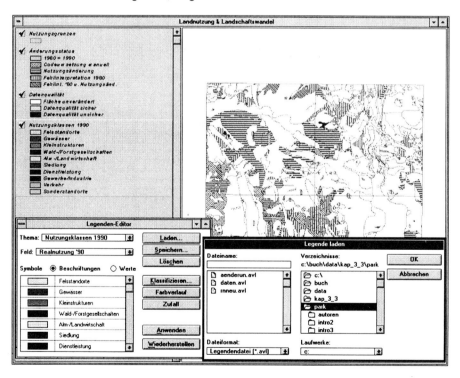

Der View ist jetzt soweit aufbereitet, daß z.B. der Wandel der Landschaft von 1980 bis 1990 durch Darstellung der Themen 'Änderungsstatus' und 'Nutzungsklassen 1990' ersichtlich ist. Zur besseren Verdeutlichung hinterlegen Sie nun ein Teilgebiet des Views mit einem S/W-Orthophoto, indem Sie im Menü 'View/Thema hinzufügen' unter 'Datentyp' die Option 'Bild-Datenquelle' angeben und schließlich das Bild 'Ortho214.tif' laden. Dieses Thema verschieben Sie nun im Inhaltsverzeichnis unter das Thema 'Nutzungsgrenzen', so daß eine Überlagerung mit den aktuellen Grenzen möglich ist.

Hinweis: Da ein Orthophoto aus einem aktuellen CIR-Luftbild nicht verfügbar war, wurde ein S/W-Orthophoto von 1982 verwendet.

3. Im nächsten Bearbeitungsgang soll nun eine einfache Auswertung des Gebietes hinsichtlich der Nutzungsänderungen von 1980 auf 1990 erfolgen. Als exemplarische Fragestellung sei folgende Aufgabe vorgegeben:

Wie wurden die - überwiegend von den Frühjahrsstürmen 'Vivian' und 'Wiebke' verursachten - Windwurfflächen von 1990 (RNNEU-Code 4410) vorher genutzt, wo liegen diese Flächen, wie groß sind sie?
Vorgehen:

Öffnen Sie hierzu die Attributtabelle des Themas 'Nutzungsklassen 1990'. Im Abfrage-Manager (Aufruf mit der links abgebildeten Schaltfläche) geben Sie ([Realnutzung '90] = 4410) an und ermitteln mit 'Neue Abfrage' alle Flächen, die 1990 die Nutzung 'Windwurf/Schneebruch/Kahlschlag' aufwiesen (s. folgende Abbildung). Die Bedeutung der Codes entnehmen Sie bitte der Übersicht im Abschnitt 'Datensituation'.

Landnutzung und Landschaftswandel 155

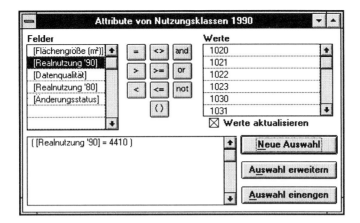

Die selektierten Flächen können Sie auch im View betrachten, sofern die Darstellung des Themas 'Nutzungsklassen 1990' aktiviert ist. Der Befehl 'Automatische Beschriftung' (Menü 'Thema') ermöglicht Ihnen dann die Beschriftung der selektierten Flächen. Zuvor müssen Sie aber im Dialogfenster 'Thema Eigenschaften ' das gewünschte Feld als 'Beschriftungsfeld' angeben: Realnutzung '80.

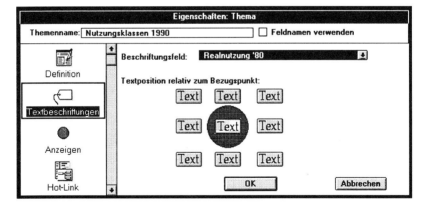

Die Darstellung des Textes richtet sich nach den Standard-Vorgaben. Wenn Sie die Textgröße z.B für die Gestaltung des Layouts am Ende dieser Übung ändern wollen, können Sie dies in der 'Symbol Palette' tun. Zum Selektieren aller Beschriftungen wählen Sie 'Alle Grafiken auswählen' unter dem Menü 'Bearbeiten'.

Um für das weitere Vorgehen herauszufinden, wie diese Flächen bis zum Jahre 1990 genutzt wurden und welchen Flächenanteil die betroffenen Nutzungstypen einnehmen, öffnen Sie die Tabelle 'Attribute von Nutzungsklassen 1990' ,markieren Sie nun die Spalte 'Realnutzung '80' und klicken Sie die **Σ** Schaltfläche an. In der Dialogbox 'Feldstatistik erstellen' wählen Sie nun folgende Angaben aus (s. Abb. unten):

Feld: Flächengröße(m²)
Statistik vom Feld: sum

Mit der Taste 'Hinzufügen' wird das Feld 'Flächengröße (m²)' in die Gruppenliste aufgenommen und nach der Bestätigung mit 'OK' wird schließlich eine Tabelle erstellt, die die vormalige Realnutzung aller aktuellen Windwurfflächen enthält.

Erläuterung der einzelnen Spalten in der neuen Tabelle:

Realnutzung '80:   Nutzungstypen der Spalte 'Realnutzung '80'. Hier erscheinen alle vorkommenden Nutzungstypen aus der Ausgangstabelle 'Nutzungsklassen 1990', die zugleich in der Spalte 'Realnutzung '90' den Code '4410', also Windwurf aufweisen.
count: Anzahl Einzelflächen
Sum_ Flächengröße: Gesamtflächengröße

Weisen Sie den Spalten 'count' und 'Sum_ Flächengröße' die Zusatzbezeichnungen (Aliases) 'Einzelflächen' und 'Gesamtflächengröße' zu.

Die gerade erstellte Tabelle wird durch Darstellung als Graphik noch wesentlich anschaulicher.

4. Aktivieren Sie die Tabelle der eben erstellten Flächenstatistik, und wählen Sie im Menü 'Tabelle' den Befehl 'Diagramm erstellen'. Im Fenster 'Eigenschaften' klicken Sie unter 'Felder' auf 'Gesamtflächengröße' und fügen es mit 'Hinzufügen' in die Gruppenliste ein. Als 'Reihe beschriften mit' geben Sie 'Realnutzung '80' an. Nach dem Bestätigen mit 'OK' erscheint das Diagramm am Bildschirm. Zum besseren Verständnis des Diagramms können Sie mit dem Werkzeug 'Bearbeiten' den Titel in 'Vormalige Nutzung der Windwurfflächen von 1990' ändern und die Legendenwerte durch Text ersetzen (siehe Erläuterungstabelle im Abschnitt Datensituation).

Als letzter Feinschliff bleibt schließlich die manuelle Farbzuweisung mit dem Werkzeug 'Malen', indem die gewünschte Farbe in der Palette und anschließend die jeweilige Säule in der Graphik angeklickt wird. Hierzu ein kleiner Tip: Falls in einem Säulendiagramm die Farbe einer Säule nicht ausgewählt werden kann, weil die Säule zu klein ist - wie es in unserem Fall beim Nutzungstyp '4610' zutrifft - , stellen Sie das Maximum der y-Skalenanzeige z. B. auf den Wert '10.000'. Nach Zuweisung der gewünschten Farbe stellen Sie die Anzeige dann wieder auf ihren Ausgangswert.

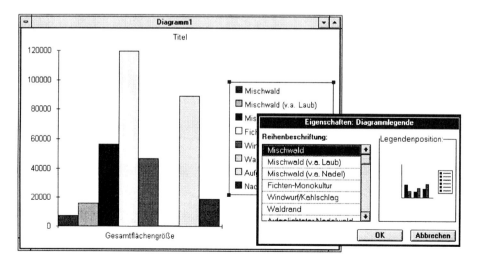

6. Am Ende dieser Übung soll die eben durchgeführte Abfrage in einem Layout zusammengefaßt werden, das die Ergebnisse in aussagekräftiger Form wiedergibt.

Öffnen Sie das Layout 'Landnutzung & Landschaftswandel(Layout)'. Sie finden diverse Texte (z. B. Titel) und die entsprechenden Positionsrahmen für die anderen Layoutelemente bereits vorgefertigt. Das Layout ist im Format DIN A2 (zum Plotten auch in der Duckereinrichtung angeben!) für einen Kartenmaßstab 1:15000 ausgelegt. Im View sollen nur die Themen 'Änderungsstatus' und 'Nutzungsklassen 1990' angezeigt und die vorher selektierten Windwurfflächen von 1990 mit der Nutzung von 1980 beschriftet sein. Durch Doppelklick mit dem Werkzeug 'Auswählen' auf die Rahmen, rufen Sie die jeweiligen 'Grafik Eigenschaften' auf. Hier geben Sie dann die darzustellenden Inhalte an, z. B. 'Landnutzung & Landschaftswandel' für den 'View Rahmen'.

Beim maßstäblichen Darstellen von Karten müssen Sie folgendes beachten:

- Geben Sie den gewünschten Maßstab in der 'Werkzeugleiste' an (Karteneinheiten sind schon auf Meter eingestellt; Maßstab für diese Karte: 1:15000).
- Zurück im Layout bestätigen Sie in den 'Eigenschaften: View-Rahmen' die Option 'View-Maßstab beibehalten'.
- Beim Einfügen des Diagramms müssen Sie den Rahmen u. U. in der Größe etwas anpassen. Sollte das Diagramm im Layout nicht angezeigt werden, kontrollieren Sie, ob es geöffnet ist.
- Für kleinformatige Ausgabegeräte müssen Sie den Ausgangsmaßstab gegebenenfalls auf DIN A4 anpassen.

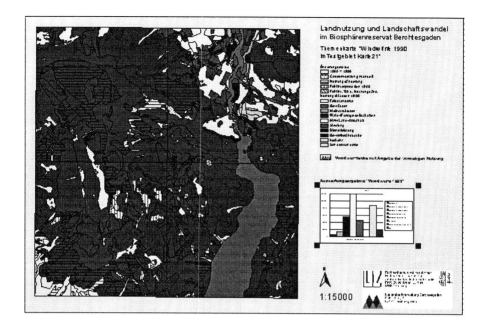

Ergebnisse und weitere Übungsvorschläge

Mit den verschiedenen ArcView-'Werkzeugen' zur Datenbankabfrage können aussagekräftige Karten, Tabellen und Graphiken zum Thema Landnutzungswandel erstellt werden.

Aus der Sicht des Landschaftsökologen läßt sich als Ergebnis der einfachen Auswertung im Rahmen dieser Übung festhalten, daß im Frühjahr 1990 die Stürme 'Vivian' und 'Wiebke' im Testgebiet die größten Schäden auf überwiegend mit Nadelbäumen bestandenen Waldflächen, insbesondere aber in Fichten-Monokulturen, verursacht haben. Damit ist natürlich nur eine Beschreibung der Veränderungen in der Landschaft getan, nicht jedoch eine Analyse der Ursachen. Aufbauende Schritte wären nun beispielsweise Selektionen und Statistiken zur Verteilung der einzelnen Waldtypen, um zu klären, inwieweit aus der vorangegangenen Abfrage fachliche Rückschlüsse gezogen werden können.

Eine Selektion der wichtigsten Waldtypen nach ihrer Gesamtfläche ergibt folgendes Bild:

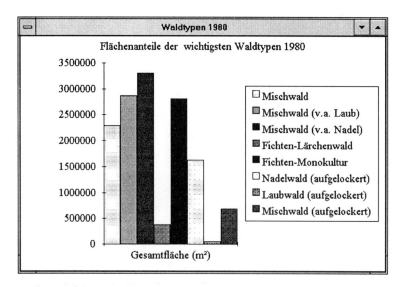

Die Gesamtgröße der verschiedenen Laub-, Misch- und Nadelwaldflächen läßt vermuten, daß die Nadelwälder und vor allem die Fichtenforste tatsächlich wesentlich windwurfgefährdeter sind. In einem nahezu reinen Nadelwaldgebiet sind rein statistisch gesehen nur Windwürfe auf Nadelwaldflächen zu erwarten, d.h. eine Gegenüberstellung mit anderen Windwurfflächen darf nicht dazu herangezogen werden, Rückschlüsse auf die relative Windwurfgefährdung zu ziehen. Im Testgebiet liegt das Verhältnis von Wäldern mit einem Laubholzanteil von mindestens 50% zu den restlichen, überwiegend mit Nadelholz bestandenen Wäldern, bei rund 3:4. Das Verteilungsmuster bei den Windwürfen innerhalb dieser beiden Gruppen liegt, nach der in der Übung erstellten Graphik, jedoch bei rund 1:6.

Neben der reinen Darstellung des Zustandes der Landschaft kann ArcView auch zur Erforschung der Ursachen, z.B. für das Verteilungsmuster der Windwürfe herangezogen werden. Für weitere Auswertungen wäre es u.a. denkbar durch Verschneidung mit einem Höhenmodell, einer Standortkarte u.s.w. einzelne Parameter für die Windwurfgefährdung zu erarbeiten.

Ein wichtiger Schritt zu Veranschaulichung der Landnutzungsdaten wäre die Einbindung von Orthophotos aus den aktuellen CIR-Bildern, die zur Kartierung der Nutzungstypen herangezogen wurden. Dadurch könnte die Information noch lesbarer werden und darüberhinaus in Zweifelsfällen einen unmittelbaren Rückgriff auf die Originaldaten für einen breiten Anwenderkreis ermöglichen.

Literatur

ARBEITSGEMEINSCHAFT NATURSCHUTZ DER LANDESÄMTER, LANDESANSTALTEN UND LANDESUMWELTÄMTER, 1995: Systematik der Bioptypen- und Nutzungstypenkartierung (Kartieranleitung). Schriftenreihe für Landschaftspflege und Naturschutz des Bundesamtes für Naturschutz, Bonn, Heft 45

FRANZ, H. 1992: Die Nutzungstypen der Nationalparkverwaltung Berchtesgaden. Nationalparkverwaltung Berchtesgaden, unveröffentlicht

FRANZ, H. 1995: Das Geographische Informationssystem der Nationalparkverwaltung Berchtesgaden. In: Dollinger, F. & J. Strobl (Hrsg.): Angewandte Geographische Informationstechnologie VII. Salzburger Geographische Materialien, H. 22, S. 72 - 78

KIAS, U., DEMEL, W., & REITER, K., 1994: Nachführung von digitalen räumlichen Daten im Nationalpark Berchtesgaden. Unveröffentlichter Projektbericht, Freising-Weihenstephan

KIAS, U., DEMEL, W., & REITER, K., 1994: Zur Problematik der turnusmäßigen Nachführung digitaler Landnutzungsdaten. In: Dollinger, F. & J. Strobl (Hrsg.): Angewandte Geographische Informationstechnologie VI. Salzburger Geographische Materialien, H. 21, S. 313 - 321

SPANDAU, L., & SIUDA, C., 1985: Das geographische Informationssystem im MAB-Projekt-6. Lehrstuhl für Landschaftsökologie, TU-München Weihenstephan

RAUMORDNUNGS-, KOMMUNAL- UND INFRASTRUKTURPLANUNG

Peter Bauch, Volker Kleinschmidt, Martin Seiler

Lektion 9:   Raumordnungskataster Sachsen-Anhalt

Steckbrief	
GIS-Themen	– Selektion einzelner Themen
	– Räumliche Analyse
ArcView-Funktionen	– Neues View anlegen
	– Datenbankabfragen
	– Räumliche Analyse
	– Darstellung in einer Ergebniskarte
	– Ausgabe von Karten
Anwender	– Raumordnungsbehörden
	– Kommunal- und Landesverwaltung
	– Planungsbüros
Datenquellen	– Kartographisches Raumordnungssystem des Landes Sachsen-Anhalt (auto-ROK-LSA)

Autoren:

Dipl.-Ing. Peter Bauch, Jahrgang 1946, studierte technische Gebiets- und Stadtplanung in Weimar, arbeitete bis 1990 in der Territorialplanung der DDR, vorrangig auf dem Gebiet der Standortplanung und der Infrastruktur. Seit 1991 im Dienst des Landes Sachsen-Anhalt tätig, jetzt als Referatsleiter im Ministerium für Raumordnung, Landwirtschaft und Umwelt.

Dr. Ing. Volker Kleinschmidt, Jahrgang 1958, studierte Biologie und Erwachsenenbildung, promovierte in der Raumplanung (FG Landschaftsökologie und Landschaftsplanung), arbeitete seit 1985 in verschiedenen Landeseinrichtungen Nordrhein-Westfalens, leitete die UVP-Forschungsstelle des FG LÖK der Universität Dortmund (1989-1994) und ist seit 1994 einer der beiden Geschäftsführer und Gesellschafter der PRO TERRA TEAM GmbH Dortmund/Dessau/Brandenburg, Schleefstraße 4, 44287 Dortmund.

Dipl.-Ing. (FH) Martin Seiler, Jahrgang 1948, studierte Bergbautechnik in Senftenberg, arbeitete bis 1985 in der Braunkohlenindustrie und danach in der Territorialplanung der DDR, vorrangig auf den Gebieten der Tagebau-Projektierung und der territorialen Planung der technischen Infrastruktur. Seit 1991 im Dienst des Landes Sachsen-Anhal tätig, jetzt als Sachbearbeiter im Ministerium für Raumordnung, Landwirtschaft und Umwelt.

Einführung

In der Landes- und Regionalplanung des Landes Sachsen-Anhalt wirkt das kartographische Raumordnungsinformationssystem als spezifische Arbeitsgrundlage. Dabei sind die beiden Teile

- „automatisiertes Raumordnungskataster" (auto-ROK-LSA) und
- „Planungsatlas" (vorerst kartogr. Darstellung zum Landeseentwicklungsprogramm und zu den Regionalen Entwicklungsprogrammen, Kartenbearbeitung für den Landesentwicklungsbericht)

ein fachspezifisches, aktuelles und ab 1996 rechnergestütztes Informations- und Entscheidungssystem.

Entsprechend § 12 Abs. 1 Landesplanungsgesetz führen die oberen Landesplanungsbehörden des Landes Sachsen-Anhalt ein Raumordnungskataster (ROK), welches alle raumbezogenen und raumbeeinflussenden Planungen und Maßnahmen sowie die sonstigen raumbezogenen Aussagen beinhaltet. Das ROK bildet die Grundlage für die Koordinierung der fachlichen Planungen und Projekte sowie für die Abstimmung mit den Grundsätzen und Zielen der Raumordnung und Landesplanung.

Das auto-ROK-LSA wird EDV-gestützt geführt. Grundlage ist die Software für das Geographische Informationssystem ARC/INFO.

Mit den in diesem Beitrag speziell für das Übungsbeispiel aufbereiteten, nicht in jedem Fall der realen Situation entsprechenden, Inhalten aus dem ROK wird eine praxisbezogene Anwendung vorgestellt.

Datensituation

Als Hintergrundbild dient eine gescannte TK 100 (Rasterkarte), die die Orientierung im Raum ermöglicht. Daneben liegen alle weiteren Informationen des auto-ROK als Vektordaten vor. Diese können in drei Kategorien getrennt werden:

1) Flächenelemente:
   - Wasserschutzgebiete
   - Schongebiete (Brutvögelschongebiete)
   - Natur- und Landschaftsschutzgebiete
   - Freizeitanlagen
   - Überschwemmungsgebiete
   - Bebauungspläne (einschl. Vorhabens- und
   - Erschließungspläne)
   - Salzstöcke

2) Linienelemente:
   - Bundesstraßen
   - Telefonleitungen
   - Versorgungsleitungen

3) Punktelemente
   - Umspannwerke
   - Kläranlagen
   - Bebauungspläne (einschl. V-E Pläne) punktuell

Es sind sowohl bestehende, als auch unbestätigte Planungen dargestellt. Alle Inhalte sind in dem View 'Uebersicht' enthalten.

Aufgabenstellung

Die Aufgabe eines Raumordnungsverfahrens besteht in der Feststellung der Vereinbarkeit raumbedeutsamer Planungen und Maßnahmen mit den Erfordernissen der Raumplanung, sowie in der Abstimmung raumbedeutsamer Planungen und Maßnahmen aufeinander und untereinander. Hier soll eine Konfliktanalyse einer Rohstoff-Fernleitung mit zwei Planungsvarianten durchgeführt werden.

Grundsätzlich werden bei neuen Planungen im Rahmen des Raumordnungsverfahrens bzw. der landesplanerischen Anpassung mehrere Varianten geprüft. Nach der Durchführung der räumlichen Analyse auf der Grundlage des Raumordnungskatasters sollen Arbeitskarten gefertigt werden, die als Ausgangsbasis für Abwägungsprozesse und die weitere Entscheidungsfindung dienen sollen. Um die Aussageschärfe und die Transparenz der Planung zu erhöhen, wird ein gerastertes TK-Blatt im Maßstab 1 : 100 000 im Hintergrund verwendet. Darüber hinaus können die einzelnen Analyseschritte in Karten dargestellt und so der Entscheidungsprozeß verdeutlicht werden.

Handlungsanweisung

1. Schließen Sie den View „Verfasser und Titel".

2. Im View „Uebersicht" sind alle Inhalte des auto-Rok dargestellt. Um die beiden Leitungstrassen vergleichen zu können, selektiert man diese aus dem Thema „Leitung". Dazu kopieren Sie dieses im Menü 'Bearbeiten/Thema kopieren' und fügen es in den geöffneten View mit 'Bearbeiten/Einfügen' ein. Im Menü 'Thema/Eigenschaften' wird der neue Themenname „Varianten" eingetragen. Mit dem Abfrage-Manager werden die relevanten Rohstoffpipelines nach folgender Vorschrift ausgewählt:

([Bezeich] = „Rohstoffpipeline 1") or
([Bezeich] = „Rohstoffpipeline 2") or
([Bezeich] = „Rohstoffpipeline 2.2")

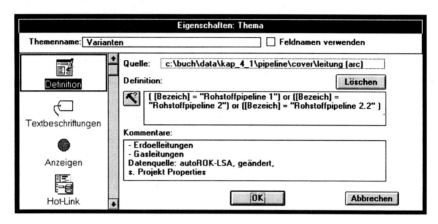

Das Ergebnis können Sie mit dem Legenden-Editor sichtbar machen, indem Sie im Feld „Bezeich" wählen. Ändern Sie unter Symbole „Wert" in „Beschriftungen". Ersetzen Sie in der Legende „Rohstoffpipeline 1" durch „Variante A" und „Rohstoffpipeline 2 und 2.2" durch „Variante B". Durch Verändern der Strichstärke und der Farbwahl in der Symbolpalette kann der Verlauf deutlich gemacht werden (hier Strichstärke I, Variante A grün, beide Teile der Variante B rot).

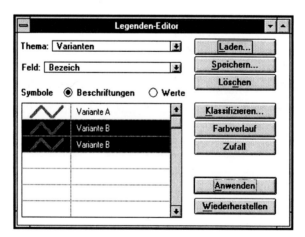

3. Nachdem der Verlauf der beiden Varianten deutlich gemacht wurde, soll nun eine Analyse der zu erwartenden Konflikte durchgeführt werden. Legen Sie sich einen neuen View an, den Sie in 'View/Eigenschaften' „Variante A" nennen. Karten- und Abstandseinheiten werden auf Meter gesetzt, um eine maßstabsgerechte Abbildung möglich zu machen.

4. Wechseln Sie in den View „Uebersicht" und markieren Sie folgende Themen:

- Varianten
- Naturschutzgebiete
- Bplan-Punktdarstellung
- Kartenhintergrund TK 100, gerastert

(mit gedrückter SHIFT-Taste können mehrere Themen gleichzeitig markiert werden)

Für diese soll exemplarisch eine Konfliktanalyse durchgeführt werden. Kopieren Sie sich diese Themen in den View „Variante A". Jetzt sind noch beide Varianten sichtbar. Durch eine weitere Abfrage im Abfrage-Manager

([Bezeich = „Rohstoffpipeline 1"])

wird nur die erste Variante selektiert. Ändern Sie auch hier wieder Strichstärke und Farbe im Legenden-Editor. Erstellen Sie für die Variante B ebenfalls ein View mit den gleichen Inhalten.

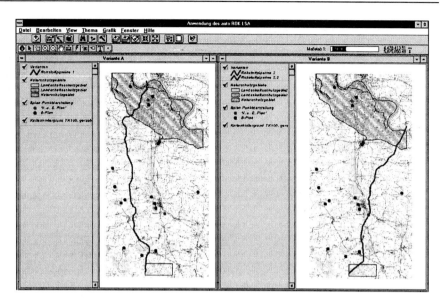

5. Im nächsten Schritt soll eine Konfliktanalyse des Trassenverlaufs mit den bestehenden, sowie geplanten Schutzgebieten und Baugebieten durchgeführt werden.

Dazu aktivieren Sie das Thema „Naturschutzgebiet". Mit 'Thema/ Thema analysieren' selektieren Sie alle Schutzgebiete, die sich in einer Reichweite von 200 m entlang der Trasse befinden. Diese erscheinen am Bildschirm in gelb. Öffnen Sie die Attributtabelle „Attribute von Naturschutzgebieten". Wie Sie sehen sind vier der sechs Schutzgebiete von der Trassenführung betroffen. Verfahren Sie für Variante B ebenso und vergleichen Sie das Ergenbis. Hier wären lediglich zwei der Schutzgebiete betroffen. Für die Baugebiete können Abfragen in der gleichen Form erfolgen.

6. Für die Erstellung von druckfähigen Arbeitskarten werden Layouts erstellt. Heben Sie dazu in den Attributtabellen der Varianten alle Selektionen auf und schließen Sie diese. Stellen Sie sicher, daß der Maßstab der beiden Views auf 1 : 250 000 eingestellt ist. Wechseln Sie ins Projektfenster und erstellen Sie ein neues, besseres Layout durch Doppelklicken auf das Symbol.

Vergrößern Sie sich Ihren Arbeitsbereich und richten Sie die Seitengröße auf A4 in 'Layout/Seite einrichten' ein. Mit der Schaltfläche 'Vergrößern auf Seitengröße' bringen Sie Ihren Ausschnitt auf Seitengröße. In 'Layout/Eigenschaften...' ändern Sie den Namen in „Arbeitskarte Schutzgebiete & Bebauung" und stellen das Fangraster auf 0,25 cm ein. Dies erleichtert das Anordnen von Kartenelementen.

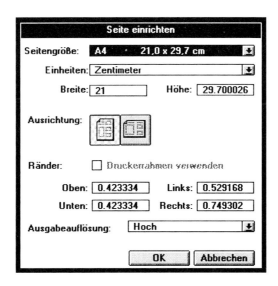

7. Nun können die einzelnen Kartenelemente eingefügt werden. Durch Klicken auf das Werkzeug 'Layout-Werkzeugleiste' und gedrückt halten der linken Maustaste erscheinen alle möglichen Kartenelemente. Fügen Sie die beiden Views „Variante A" und „Variante B" als Gegenüberstellung ein. Dabei ist darauf zu achten, daß beim Aufziehen des Rahmens das Feld „View-Maßstab beibehalten" aktiviert sein muß. Dadurch sind beide Views vergleichbar.

Fügen Sie nun alle weiteren Elemente wie:
- Legend
- Maßstabsleiste
- Nordpfeil
- Text

ein. So können relativ schnell die Konfliktfelder im Raumordnungsverfahren für diese Leitungsplanung grafisch aufbereitet werden.

8. Wenn Sie unter Windows ein Augabegerät installiert haben, können Sie Ihr Layout unter 'Datei' mit dem Menüpunkt 'Drucken' augeben. Während der Sitzung können Sie die Augabequalität Ihrer Karte mit den besprochenen Befehlen verbessern. Leider erlaubt der Publisher nicht das Abspeichern Ihrer Karte. Hierfür müßten Sie die Vollversion des Programmes erstehen.

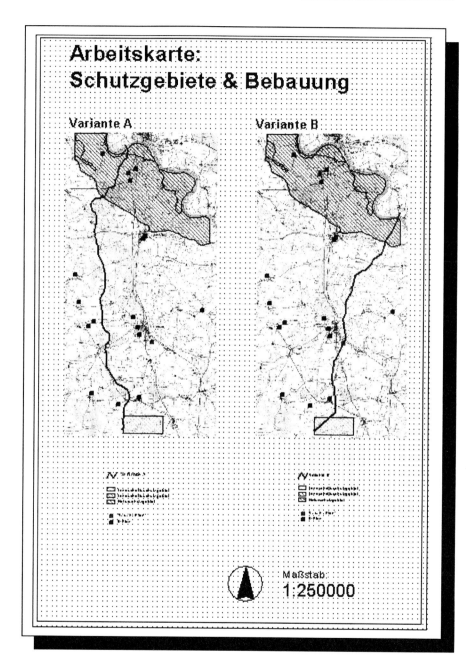

Ergebnisse und weitere Übungsvorschläge

Die räumliche Analyse erfolgte hier nur exemplarisch anhand weniger Auszüge des Raumordnungskatasters. Für eine umfassende Aussage müßten alle Inhalte Berücksichtigung finden. Der Bearbeitungsvorgang unterscheidet sich aber nicht wesentlich von dem gezeigten.

Neben Views können in den Layouts auch Diagramme, Tabellen, Textblöcke oder Bilder dargestellt werden. So bietet sich eine Gegenüberstellung des Flächenverbrauchs, z. B. bei Baugebieten, in Form von Balkendiagrammen an.

Um die Darstellung in Arbeitskarten zu verfeinern, können weitere grafische Elemente, wie Linien, Rechtecke etc. verwendet werden. Mit den Menüs 'Grafik/Gruppieren' und 'Grafik/Ausrichten' kann leicht ein hochwertiges Layout erstellt werden.

RAUMORDNUNGS-, KOMMUNAL- UND INFRASTRUKTURPLANUNG

Eberhard Siebert

Lektion 10:   Deponiestandortsuche

Steckbrief

GIS-Themen	– Flächenanalysen
	– Flächenüberlagerung
	– Flächenbezogene Datenbankabfragen
	– Flächenauswahl nach Attributen
ArcView-Funktionen	– Auswahl von Flächen nach Bedingungen
	– Entfernungsmessung
	– Darstellung der Abfrageergebnisse und deren Interpretation
Anwender	– Planungsverbände, Kommunen, Planungsbüros
Datenquellen	– Informations- und Planungssystem (IPS) des Umlandverbandes Frankfurt, © Umlandverband Frankfurt 1995

Autor:

Eberhard Siebert, Jahrgang 1955; studierte im Studienbereich Architektur, Stadtplanung und Landschaftsplanung an der Gesamthochschule Kassel mit den Studienschwerpunkten Stadtplanung und Freiraumplanung. Beschäftigt sich seit 1976 mit dem Einsatz von Datenverarbeitung für Planungsaufgaben und seit 1979 mit der Anwendung von Geographischen Informationssystemem. 1979 und 1980 freiberuflicher Mitarbeiter an Gesamthochschule Kassel, im Rahmen der Entwicklung von Programmen zur Erstellung der Denkmaltopographie des Landes Hessen; 1980 bis 1984 Tätigkeit als beratender Ingenieur, seit 1985 Mitarbeiter im Informations- und Planungssystem des Umlandverbandes Frankfurt und seit 1990 dessen Leiter.

Der Umlandverband Frankfurt ist ein kommunaler Mehrzweckpflichtverband, der sich aus den Großstädten Frankfurt und Offenbach sowie 41 weiteren Städten und Gemeinden im Rhein-Main-Gebiet zusammensetzt. Seine Aufgabe ist es, die kommunalen Aufgaben wahrzunehmen, die sich wegen der engen Verflechtungen im Verdichtungsraum nicht oder nur schwer von einer Gemeinde in eigener Zuständigkeit erledigen lassen. Zu diesen Aufgaben zählen u.a.:

- Aufstellung und Fortschreibung des Flächennutzungsplanes
- Aufstellung und Fortschreibung des Landschaftsplanes
- Aufstellung und Fortschreibung des Generalverkehrsplanes
- Betrieb von Abfallbeseitigungseinrichtungen

Das IPS stellt die Datengrundlage für sämtliche Planungsmaßnahmen des Umlandverbandes Frankfurt dar. Für das Verbandsgebiet von ca. 1.500 km² sind zur Zeit flächendeckend ca. 50 thematische Kartenebenen vorhanden.

Einführung

Die Suche von potentiellen Standorten für Anlagen und Einrichtungen, von denen negative Einflüsse auf die Umwelt oder Anrainer ausgehen können, ist heute zu einer Aufgabe geworden, die sich in einem außerordentlich stark emotionalisierten Umfeld abspielt. Um so wichtiger ist es, daß im Interesse der Versachlichung des Diskussionsprozesses die Auswahl des Standortes anhand allgemein akzeptierter Kriterien und leicht nachvollziehbarer Auswahlverfahren durchgeführt wird. Wegen der Menge der zu berücksichtigenden Faktoren ist selbst bei, im Einzelfall leicht nachvollziehbaren Kriterien, das Endergebnis, das erst durch die Kombination aller Auswahl- und Ausschlußkriterien entsteht, kaum vorhersagbar. Durch den Einsatz eines GIS läßt sich die Untersuchung der gesamten Region, die für die Standortsuche durchgeführt wird, systematisch und nachvollziehbar durchführen. Damit wird dem Fällen von später kaum rechtfertigbaren Zufallsentscheidungen vorgebeugt.

Ein Großteil der Flächen im Verdichtungsraum und in den angrenzenden Gebieten scheidet durch die bereits vorhandenen und nicht verlagerbaren Nutzungsansprüche, durch Besiedlung und Infrastruktur aus. Darüber hinaus ist ein großer Teil der nicht besiedelten oder für eine Besiedlung vorgesehenen Flächen von Nutzungsrestriktionen in Folge von Wasserschutzgebieten oder zum Zwecke des Natur- und Landschaftsschutzes oder als ökologische Ausgleichsfläche, in Anspruch genommen. Weiterhin scheiden alle die Flächen aus, deren Inanspruchnahme umfangreiche Ausgleichsmaßnahmen nach sich ziehen, für die keine Flächen zur Verfügung stehen.

An der Grenze zwischen Ausschluß- und Auswahlkriterien stehen alle die Gesichtspunkte, die sich zwar nicht aus gesetzlichen Vorschriften ergeben, die jedoch auf die Realisierbarkeit des Projektes einen entscheidenden Einfluß haben, wie Eignung des Geländes, Flächengröße und Eignung des geologischen Untergrundes.

Als Auswahlkriterien müssen zum Schluß alle die Parameter mit herangezogen werden, die auf die technische Realisierbarkeit des Projektes keinen direkten Einfluß ausüben, die sich aber über Betriebs- und Transportkosten letztlich auf die Höhe der zu erhebenden Müllgebühren auswirken und damit einen wesentlichen Einfluß auf die Akzeptanz der Standortwahl durch die nicht im potentiellen Einwirkungsbereich lebenden Betroffenen nehmen.

Aufgabenstellung

Für die von den zuständigen politischen Gremien zu fällende Standortentscheidung und deren Legitimation gegenüber den Trägern öffentlicher Belange, den Aufsichts- und Genehmigungsbehörden sowie der Öffentlichkeit sollen aussagekräftige Unterlagen erstellt werden, anhand derer sowohl das Ergebnis, als auch der Auswahlprozeß nachvollzogen werden kann.

Die Auswahl wird mit Hilfe der folgenden Kriterien in Form einer Ausscheidung nicht geeigneter Flächen durchgeführt:

1. Flächen, die bereits bebaut oder von sonstigen nicht verlagerbaren Nutzungen belegt sind.

2. Flächen, die im bestehenden Flächennutzungsplan oder durch Planungen anderer Träger öffentlicher Belange für Bebauung oder sonstige nicht verlagerbare Nutzungen vorgesehen sind.

3. Abstandsflächen zu bestehenden oder geplanten Wohnbauflächen oder Sonderbaugebieten mit wohnungsähnlicher Nutzung. Der Mindestabstand zwischen diesen Nutzungen und einem potentiellen Deponiestandort beträgt 500 m.

4. Bestehende oder im Planungsstadium befindliche Wasserschutzgebiete, Heilquellenschutzgebiete, Naturschutzgebiete, Naturdenkmäler, Überschwemmungsgebiete, Bannwaldgebiete oder „Geschützte Landschaftsbestandteile".

5. Grabungsschutzgebiete und Bodendenkmale.

6. Im Flächennutzungsplan vom Planaufsteller als „Ökologisch bedeutsames Grünland" ausgewiesene Flächen.

7. Flächen, die wegen ihrer Hangneigung nicht für die Anlage von Deponien geeignet sind.

8. Flächen, die wegen der Instabilität des Untergrundes nicht für die Anlage von Deponien geeignet sind.

Neben den Flächen, die wegen bestehender Rechtsvorschriften oder Selbstbindung des Planaufstellers nicht in Anspruch genommen werden können, existieren weitere Flächen, die nur bedingt zur Verfügung stehen. Sie dürfen nur dann herangezogen werden, wenn ausreichende Ausgleichsflächen bereitstehen. So dürfen Waldeinschläge nur dann vorgenommen werden, wenn im selben Naturraum Aufforstungsflächen zur Kompensation des Waldverlustes vorhanden sind.

Erst wenn alle Ausscheidungskriterien abgearbeitet sind, und mehrere zu vergleichende potentielle Standorte verblieben sind, wird untersucht, welcher von diesen Standorten am Besten geeignet ist. In diese Überlegungen fließen folgende Kriterien ein:

1. Flächengröße von mindesten 100.000 m²

2. Erreichbarkeit über das Straßennetz

3. Möglichkeit eines Anschlusses an das Schienennetz

4. Zentralität des Standortes

Datensituation

Alle benötigten Informationen wurden aus dem Datenbestand des Informations- und Planungssystems des Umlandverbandes Frankfurt (UVF) generiert und miteinander verschnitten. Die Originalkarten sind in dem Verschneidungsergebnis in Form von Regionen weiterhin vorhanden.

Da nicht alle in der Aufgabenstellung benannten und als Auswahl- oder Ausschlußkriterien in Frage kommenden Merkmale im herangezogenen Kartenausschnitt vorhanden waren, wurde die Datengrundlage entsprechend bearbeitet. Die vorliegenden Daten lassen daher keine Rückschlüsse auf tatsächliche oder geplante Maßnahmen des Umlandverbandes Frankfurt oder seines Eigenbetriebes Abfallentsorgung zu. Ebensowenig sind die im Beispiel enthaltenen Datengrundlagen für Rückschlüsse auf die reale Situation im dargestellten Gebietsausschnitt geeignet. Folgende Datenbestände wurden verwendet:

- Digitale Grundkarte
- Flächennutzungsplan
- Naturschutzgebiete
- Landschaftsschutzgebiete
- Geschützte Landschaftsbestandteile
- Bodendenkmäler
- Wasserschutzgebiete
- Heilquellenschutzgebiete
- Überschwemmungsgebiete
- Digitales Geländemodell
- Straßenmittelliniennetz
- Bahnstrecken
- Gemeindegrenzen
- durch Pufferbildung abgeleitete Informationen

Die klassifizierenden Variablen der Realnutzung und des Flächennutzungsplanes wurden, im Interesse einer bessern Lesbarkeit der Attributtabellen, zusätzlich in ihrer textlichen Entsprechung codiert.

Handlungsanweisung

1. Öffnen Sie die Views Grundkarte und Flächennutzungsplan, um sich einen ersten Überblick über das Untersuchungsgebiet zu verschaffen.

2. Beginnen Sie nun mit der Standortsuche. Öffnen Sie dazu das View „Untersuchung". Sie erhalten als Ausgangsmaterial die Grundkarte in der Arbeitskartenversion und alle Kartenebenen, die für die Untersuchung relevant sind. Lassen Sie sich noch keine Datenebenen darstellen, bevor alle Auswahlen durchgeführt sind. Bei aktivierter Darstellung erhöt sich die Bearbeitungszeit durch den wiederholten Bildaufbau erheblich.

3. Schalten Sie durch Anklicken das Thema 'Realnutzung' ein, und wählen Sie alle die Flächen aus, die durch ihre Nutzung eine Inanspruchnahme ausschließen. Öffnen Sie dazu mit der Schaltfläche „Eigenschaften" das Thema.

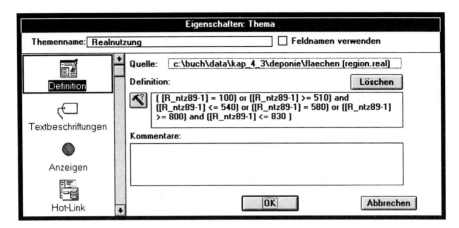

4. Beginnen Sie nun alle nicht verfügbaren Flächen der Realnutzung auszuwählen. Betätigen Sie den Abfrage-Manager, um die Fragen zu formulieren. Es müssen folgende Flächen ausscheiden:

- bebaut   (R_ntz89-1 = 100)
- überörtliche Straßen   (R_ntz89-1 = 510, 520, 530, 540)
- Bahnanlagen   (R_ntz89-1 = 580)
- größere Wasserflächen   (R_ntz89-1 = 800, 820, 830)

Die sich daraus ergebende Datenbankabfrage lautet:

([R_ntz89-1] = 100) or ([R_ntz89-1] >= 510) and ([R_ntz89-1] <= 540) or ([R_ntz89-1] = 580) or ([R_ntz89-1] >= 800) and ([R_ntz89-1] <= 830)

5. Schalten Sie nun das Thema Flächennutzungsplan ein. Hier müssen Sie folgende Auswahl treffen:

- Wohnbauflächen   (F_ntz-1 = 110 bis 119)
- Besondere Wohngebiete   (F_ntz-1 = 160)
- Gemischte Bauflächen   (F_ntz-1 = 120 bis 129)
- Gewerbliche Bauflächen   (F_ntz-1 = 130 bis 139)
- Sondergebiete   (F_ntz-1 = 140 bis 159)
- Gemeinbedarfsflächen   (F_ntz-1 = 200 bis 219)
- Flächen für den Schienenverkehr   (F_ntz-1 = 311 bis 314)

- Überörtliche Straßen einschließlich derer, die Planungen anderer Träger Öffentlicher Belange enthalten (F_ntz-1 = 321) und (F_ntz-2 = 321)
- Flächen für den Luftverkehr (F_ntz-1 = 341)
- Friedhöfe (F_ntz-1 = 513
- Wasserflächen (F_ntz-1 = 550)

Daraus ergibt sich die folgende Datenbankabfrage:

(([F_ntz-1] >= 110) and ([F_ntz-1] <= 321)) or ([F_ntz-2] = 321) or ([F_ntz-1] = 341) or ([F_ntz-1] = 513) or ([F_ntz-1] = 550)

6. In einem Abstand von 500 m zu bestehender oder geplanter Bebauung dürfen ebenfalls keine Deponien angelegt werden. Schalten Sie daher das Thema „Abstandsflächen Realnutzung" ein und formulieren die Abfrage:

   ([Inside] = 100)

   Somit werden alle Abstandsflächen ausgewählt. Wenn diese Abfrage unterbleibt, werden Inselflächen unzulässigerweise mit ausgeschieden. Aktivieren Sie nun das Thema „Abstandsflächen FNP" und wiederholen Sie diese Abfrage für den Flächennutzungsplan.

7. Bei den restlichen Schutzgebieten braucht keine Auswahl vorgenommen zu werden, da sie keine Inselflächen enthalten. Da jedoch zuweilen ein Wert < 100 als „no Date"-Kennzeichnung vorkommen kann, ist jeweils eine Abfrage durchgeführt worden, die alle Werte < 100 ausschließt. Zur Bearbietung der Aufgabenstellung brauchen diese Ebenen nur aktiviert zu werden.

8. Neben den Flächen, deren Inanspruchnahme durch geltendes Recht ausgeschlossen ist, hat die untersuchende Institution selbst noch eine weitere Kategorie in den Flächennutzungsplan eingefügt, die sie selbst als absolut schutzwürdig betrachtet. Es ist das „Ökologisch bedeutsame Grünland". Um dies zusätzlich zu berücksichtigen, muß die Auswahl aus dem Flächennutzungsplan noch um diese Kategorie erweitert werden. Aktivieren

Sie daher noch einmal das Thema „Flächennutzungsplan", und erweitern Sie die bereits vorhandene Abfrage.

Drücken Sie dazu die Schaltfläche Eigenschaften und anschließend im Fenster „Eigenschaften:Thema" den Abfrage-Manager, um die Abfrage zu erweitern.

Setzen Sie nun den Cursor hinter die letzte Klammer und ergänzen Sie die Abfrage um den Text:

or ([F_ntz-1] = 532)

9. Aktivieren Sie nun alle Themen, die in dem View vorhanden sind. Gehen Sie dabei von unten nach oben vor. Sie erhalten dann das umseitig dargestellte Bild:

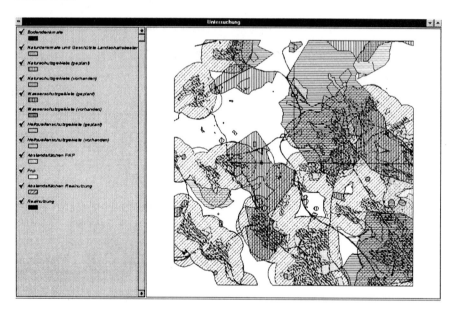

Die nicht farbig gefüllten Flächen sind die, die für die weitere Untersuchung noch in Betracht kommen. Das nachfolgende Bild zeigt diese Flächen in der Darstellung als Realnutzungskarte im View „Ergebnis". Dazu schließen Sie den View „Untersuchung" und öffnen den View „Ergebnis". Auffallend ist der hohe Waldanteil. Aus den verbliebenen Flächen soll im nächsten Schritt der Deponiestandort herausgesucht werden.

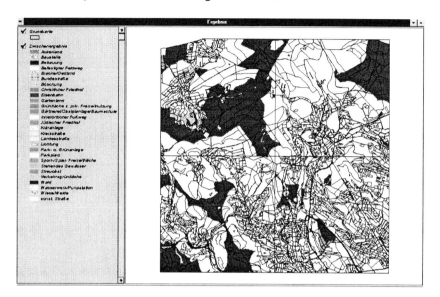

10. Das Zwischenergebnis wird nun aktiviert. Durch betätigen des Abfrage-Managers in der Schaltflächenleiste wird nun das Abfragefenster geöffnet.

Die Bedingungen für die Auswahl der möglichen Standorte lauteten:

- Mindestgröße 100.000 m²
- Möglichst keine Inanspruchnahme von Waldflächen

Daraus ergibt sich dann die folgende Abfrage:

([Area] >= 100000) and ([R_ntz89_1] <> 700) and ([R_ntz89_1] >= 100)

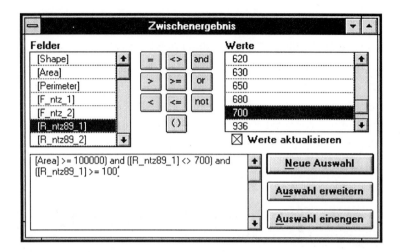

11. Das Ergebnis der Suche läßt sich am besten in Form einer Tabelle betrachten. Dazu wird durch Betätigen der Schaltfläche „Tabelle" die Attributtabelle des Themas geöffnet.

12. Die Anzeige in der Kopfleiste der Tabelle zeigt an, daß mit Hilfe der Auswahlkriterien nur eine Fläche ausgewählt wurde. Durch Betätigen der Schaltfläche „Bevorzugt anordnen" wird dieser Datensatz an den Anfang der Tabelle geholt.

13. Die ausgewählte Fläche kann auch in der Kartendarstellung betrachtet werden. Dazu wird die Tabelle geschlossen. Die ausgewählte Fläche ist in der Karte ebenfalls gelb markiert. Mit Hilfe der Schaltfläche „Vergrößern" kann der Cursor benutzt werden, eine Ausschnittsvergrößerung von ausgewählten Stellen der Karte zu erzeugen. Diese Vorgehensweise bietet sich vor allem dann an, wenn mehrere Flächen ausgewählt wurden. Im vorliegenden Fall wurde dazu aber nur eine Fläche ausgewählt. Hier kann direkt mit der Schaltfläche „Vergrößern auf Auswahl" eine Ausschnittsvergrößerung der Fläche hergestellt werden. Um ihre Umgebung darzustellen, kann die Darstellung dann durch Betätigen der Schaltfläche „Verkleinerungslupe" verändert werden.

14. Der Kartenausschnitt zeigt eine, teilweise von Wald umgebene, große zusammenhängende Fläche, die ein Stück Ackerland umschließt. Diese Ackerfläche kann noch zusätzlich mit herangezogen werden. Am rechten Rand des Kartenausschnittes ist eine Überörtliche Straße zu sehen, über die das Deponiegelände erschlossen werden kann. Weitergehende Auskünfte über die betreffende Fläche können nun nach Betätigen des Werkzeugs „Identifizieren" mit dem Cursor abgerufen werden. Die ausführliche Beschreibung der Fläche wird dann in einem Fenster angezeigt.

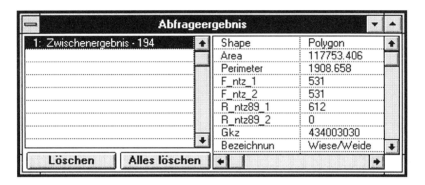

15. Nun ist zu überprüfen, ob die gefundene Fläche nicht eine zu starke Hangneigung aufweist. Aktivieren Sie dazu das Thema „Höhe" in dem View „Ergebnis". Durch Betätigen des Werkzeugs „Abstandsmessung" schalten Sie nun die Entfernungsmessung ein. Fahren Sie nun mit dem Cursor an die linke obere Seite der ausgewählten Fläche, drücken Sie die linke Maustaste und ziehen damit zur rechten unteren Seite der Fläche und klicken zweimal mit der rechten Maustaste. In der Statuszeile am unteren Bildrand wird eine Entfernung von ca. 400 m angezeigt Die Fläche wird im wesentlichen von drei Höhenlinien durchzogen. Die Höhendifferenz zwischen den Höhenlinien beträgt 10 m. Daraus ergibt sich ein durchschnittliches Gefälle von ca. 7,5%. Damit ist die ausgewählte Fläche zunächst als Deponiestandort denkbar. Abschließende Aussagen über die tatsächliche Verwendbarkeit des potentiellen Deponie-

standortes lassen sich allerdings erst nach einer Analyse des Untergrundes machen. Die restlichen, in der Aufgabenstellung angeführten Kriterien brauchen nicht mehr herangezogen zu werden, da ja nur eine einzige Fläche in Betracht kommt.

RAUMORDNUNGS-, KOMMUNAL- UND INFRASTRUKTURPLANUNG

Christiane Hopf, Alexander Muth

Lektion 11: Lärmminderungsplan in Mainz
am Beispiel Mainz-Marienborn

Steckbrief	
GIS-Themen	– Räumliche Analyse von Lärmausbreitungsmodellen
	– Verknüpfung geographischer Sachdaten
ArcView-Funktionen	– Selektion von Flächen nach Lärmbelastung
	– Geostatistische Analyse
	– Verknüpfung geographischer Daten mit
	– Diagrammen
Anwender	– Stadt- und Umweltplanungsbehörden
	– Ingenieur-, Planungsbüros und Verkehrsplaner
	– Umweltverträglichkeitsprüfung
Datenquellen	– Stadtverwaltung Mainz

Autoren:

Dipl.-Ing. Christiane Hopf, Jahrgang 1959, studierte Geographie an der Universität Mainz mit Schwerpunkt Anthropogeographie Seit 1992 als Umweltinformatikerin im Umweltamt der Stadt Mainz beschäftigt.

Alexander Muth, Jahrgang 1968, Student der Geographie an der Universität Mainz, Mitarbeit in der AG „Rüstungsaltlasten", Diplomarbeit zum Thema „Lärmminderungsplanung in Mainz".

Einführung

Ein bedeutender Streßfaktor der heutigen Zeit ist Lärm. Neben bewußt erlebten Wahrnehmungen, wie die Störung von Unterhaltungen und Konzentration, werden auch unbewußte Reaktionen (z.B. Schlaflosigkeit, Kopfschmerzen) ausgelöst, die als gesundheitliche Risiken nicht zu unterschätzen sind. In der Bundesrepublik Deutschland leben ca. 14 Prozent der Einwohner in Gebieten, die der kritischen Lärmbelastung von mehr als 65 dB(A) am Tag ausgesetzt sind. Mehr als die Hälfte der Bevölkerung ist durchschnittlich von einem "Gesamt"-Lärm von über 55 dB(A) betroffen. In städtischen Gebieten wird dieser Durchschnittswert noch übertroffen. Kommunikationstörungen werden bereits bei Werten ab 45 dB(A) festgestellt (Lärmminderungspläne, Ziele und Maßnahmen, der Minister für Umwelt, Raumordnung und Landwirtschaft des Landes Nordrhein-Westfalen, 1986).

In den letzen Jahren wurde durch Meinungsumfragen bestätigt, daß sich etwa die Hälfte der Bevölkerung durch Lärm gestört fühlt. Nach weiteren Untersuchungen, ist der Straßenverkehrslärm mit 70 Prozent als primäre Lärmquelle zu nennen. Forschungsergebnisse zeigen, daß Lärmeinwirkungen erhebliche Risiken für die Betroffenen beinhalten können. Sowohl physische als auch psychische Schäden sind Folgeerscheinungen von zu hoher Lärmbelastung (Lärmminderungspläne, Ziele und Maßnahmen, der Minister für Umwelt, Raumordnung und Landwirtschaft des Landes Nordrhein-Westfalen, 1986).

Abgesehen von den konkreten Wirkungen ist Lärm heute eine wichtige Komponente im Bereich der Umweltplanung und Stadtentwicklung. Die persönlichen negativen Erfahrungen mit lärmbelasteten Wohngebieten lassen diese als unattraktiv gelten und mindern somit den Wohnwert. Damit es nicht zu Folgeerscheinungen, wie Stadtflucht, ungünstige soziale Umschichtung, verminderte Instandhaltung der Gebäude und Verringerung der Wirtschaftskraft eines lärmbelasteten Gebietes kommt, sollen Lärmminderungspläne frühzeitig Abhilfe schaffen.

Zur Minderung der Lärmbelastung trat am 1. September 1990 der neue Paragraph 47a des Bundesimmissionsschutzgesetzes (BImSchG) in Kraft, der unter anderem beinhaltet, daß schädliche Umwelteinwirkungen durch Geräusche von den zuständigen Behörden erfaßt und die Umwelteinwirkungen festzustellen sind. Mit Lärmminderungsplänen soll in dauerhaft belasteten Gebieten für die Beseitigung oder Verminderung der schädlichen Umwelteinwirkungen gesorgt werden.

Aufgabenstellung

Um die Beeinträchtigung durch Lärm zu vermindern, müssen kritische Lärmbelastungen erkannt und systematisch abgebaut werden. Für die Erstellung des Lärmminderungsplanes müssen zunächst besonders belastete Wohnbereiche ermittelt werden. Hierbei sind folgende Punkte zu berücksichtigen:

- Anzahl der Betroffenen
- Höhe der Lärmbelastung
- Analyse der Lärmquellen
- Einordnung des Gebietes in die Stadtentwicklung

Die Ausweisung der Lärmbelastungszonen nach den oben genannten Kriterien fordert weitergehende Untersuchungen:

- Art der Lärmminderungsmaßnahmen
- Realisierungsmöglichkeit der Maßnahme
- zeitliche Abwicklung

Durch die Berechnung der Auswirkungen verschiedenster Lärmminderungsmaßnahmen (z.B. Lärmschutzwand, Geschwindigkeitsreduzierung, Straßenbelagänderung) mit Hilfe geeigneter Modelle und Methoden können besonders lärmreduzierende und kostengünstige Maßnahmen herausgefiltert und realisiert werden.

Datensituation

Die in diesem Kapitel gezeigten Berechnungen zum Lärmminderungplan der Stadt Mainz beziehen sich ausschließlich auf den Straßenverkehrslärm. Als Untersuchungsgebiet wurde ein Wohnviertel im Einzugsbereich eines Autobahnkreuzes ausgewählt.

Für die Berechnung der Lärmemissionen wurde eine Vielzahl von Daten ermittelt, die mit dem Lärmberechnungsprogramm SLAERM der Fa. ESRI verarbeitet wurden. Die hier eingehenden Daten beziehen sich auf die benötigten Themenkreise zur Berechnung von Lärmbelastungsgebieten, Lärmausbreitungsmodellen und Lärmminderungsmaßnahmen.

Daten zur Berechnung in Lärmausbreitungsmodellen sind:
- Lärmemissionen
- Topographie
- Hindernisse (Lärmschutzwälle etc.)
- reflektierende Wände (Gebäude)

Daten zur Verkehrssituation sind:
- Anzahl PKW / LKW
- Geschwindigkeitsbegrenzungen

Daten zur Straße sind:
- Straßenbreite
- Straßenbelag

Daten zur Ermittlung der betroffenen Bevölkerung sind:
- Nutzungsstruktur
- Dichte der Wohnbevölkerung

Welcher Art die Verkehrsberuhigungsmaßnahmen sein müssen, um eine bestmögliche Wirkung zu erzielen, hängt in hohem Maße von der Ausgangssituation ab. Aus diesem Grund ist eine genaue Analyse und Aufbereitung der eingehenden Planungsdaten von besonderer Bedeutung.

Für den Aufbau des Lärmminderungsplanes der Stadt Mainz liegen Lärmausbreitungsberechnungen der Gesamtstadt vor. Für eine gezielte Lärmschutzmaßnahme müssen wesentlich detailliertere Daten für die Konfliktzonen ausgearbeitet werden. Für den Themenkreis Lärm stehen hier unter anderem Karten zur Verfügung, die als Berechnungsgrundlagen benötigt wurden:

- Straßeninformationen (Linieninformationen zur Straßenbreite, Verkehrsmenge, Geschwindigkeit und Lärmemissionen)
- Gebäudeinformationen (Reflektionsflächen, Gebäudehöhe)
- Höhenmodell
- Lärmschutzwände

Es wurde ein Lösungsvorschlag als Lärmminderungsmaßnahme und somit auch als Kartenmaterial zur Verfügung gestellt:

- aktuelle Lärmimmissionsflächen
- Lärmimmissionsflächen nach Bau einer Lärmschutzwand
- punktuelle Lärmimmissionen in unterschiedlichen Höhen

Der Betroffenheitswert berechnet sich aus der Nutzungsstruktur und der Einwohnerzahl:

- Gebäudeinformationen (Bewohner, Nutzung)
- Flächennutzungsplan

Zur Orientierung im Stadtgebiet dient ein einfacher Liniendatensatz:

- Grenzlinien (Ausschnitt aus der Stadtübersichtskarte 1:2500)

Alle verwendeten Daten wurden freundlicherweise von der Stadtverwaltung Mainz zur Verfügung gestellt.

Handlungsanweisung

1. View "Ausgangssituation" anwählen. Hier werden die Themen "Straßen", "Stadtübersichtskarte", "Häuser" und "Isolinien" (Höhenlinien) und „Gebäudehöhen" angezeigt.

2. Zur besseren Übersicht werden die "Isolinien" deaktiviert und die "Lärmimmission ohne Lärmschutzwand" aktiviert und mit der entsprechenden Schaltfläche auf das aktive Thema vergrößert.

3. Zum Vergleich der Lärmminderungsmaßnahme durch den Bau einer Lärmschutzwand wird ein zweiter View "Lärmschutzwand" geöffnet (identischer Ausschnitt zum ersten View). Die Themen „Lärmschutzwand", "Straßen", "Häuser" und "Lärmimmissionen (mit Lärmschutzwand)" sind geöffnet. Beide Views sollen für den besseren Überblick nebeneinander positioniert werden.

4. In beiden Views die Themen "Häuser" aktivieren und auf das Thema vergrößern. Anschließend im View "Lärmschutzwand" das Thema "Lärmimmissionen ohne Lärmschutzwand" aktivieren. Die Ausgangssituation wird durch die transparente Farbe angezeigt. Die Vollfarben geben die Lärmimmissionen nach der Lärmminderungsmaßnahme wieder. Das View "Ausgangssituation" wird geschlossen.

5. Eine weitere Analyse soll den Betroffenheitsgrad der Bevölkerung bei 65 dB(A) und mehr, vor und nach der Lärmminderungsmaßnahme berechnen. Bei dieser Pegelhöhe beginnen die Gesundheitsrisiken (z.B. Bluthochdruck) zu wirken (Lärmminderungspläne, Ziele und Maßnahmen, der Minister für Umwelt, Raumordnung und Landwirtschaft des Landes Nordrhein-Westfalen, 1986).

Vorerst wird das Thema "Lärmimmissionen mit Lärmschutzwand" ausgeschaltet und das Thema „Lärmimmissionen ohne Lärmschutzwand" aktiviert. Der Abfrage-Manager wird geöffnet. Danach wird nach dem "range_code >= 7" selektiert und mit der Taste (Neue Auswahl) bestätigt. Die entsprechenden Flächen werden in gelb transparent dargestellt.

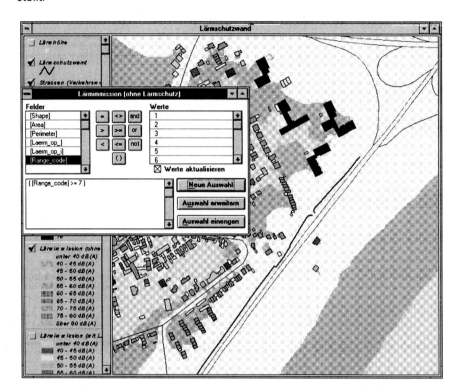

Für die Selektion der betroffenen Gebäude (im Bereich über 65 dB(A)) wird das Thema "Häuser" aktiviert. Unter dem Menüpunkt "Thema/Thema analysieren" wird das Thema "Lärmimmission ohne Lärmschutzwand" ausgewählt und selektiert (Neue Auswahl). Die so ausgewählten Gebäude werden auch hier Gelb markiert.

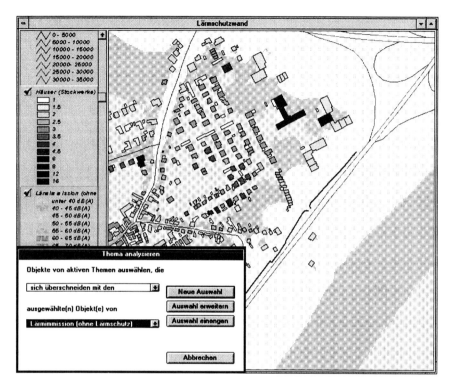

Nach dem Öffnen der Tabelle mit der Schaltfläche „Thementabelle öffnen" kann unter der Spalte "Dsbew" die durchschnittliche Anzahl der betroffenen Bewohner aufgelistet werden. Mit einer weiteren Selektion mit dem Abfrage-Manager werden von den selektierten Häusern die ausgewählt (Auswahl einengen), welche mehr als 0 Einwohner haben, d.h. unter Ausschluß aller öffentlichen und gewerblich genutzten unbewohnten Gebäude (DBSEW <> 0).

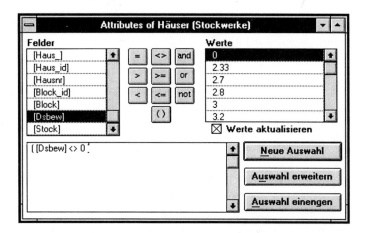

Jetzt sind sämtliche unbewohnten Gebäude ausgeschlossen. Mit dem Menüpunkt "Feld/Statistik" werden weitere Angaben aufgelistet (z.B. sum = Anzahl der Betroffenen, mit Lärmblastung über 65 dB(A)).

Derselbe Arbeitsschritt wird jetzt mit dem Thema "Lärmimmission mit Lärmschutzwand" wiederholt. Die Differenz in der Summe der betroffenen Einwohner ist auf die abschirmende Wirkung der Lärmschutzwand zurückzuführen.

6. Die Dringlichkeit der Lärmminderungsmaßnahme ergibt sich auch aus der Nutzungsstruktur des belasteten Gebietes. Für diesen Arbeitsschritt wird das Thema "Lärmimmissionen mit Lärmschutzwand" ausgeschaltet und das Thema "Nutzungsstruktur" eingeschaltet. Die bereits vorher ausgewählten Gebäude werden in der jeweiligen Nutzungsstruktur gelb angezeigt. Für die Lärmminderungsmaßnahme sind Gebäude in Wohngebieten höher zu bewerten, als solche in Mischgebieten. Anschließend das Thema "Nutzungsstrukur" wieder deaktivieren.

7. Erstellen eines „Hot Links". Die Themen "Lärmimmissionen mit Lärmschutzwand" und "Lärmhöhe" einschalten und das Thema "Lärmhöhe" aktivieren. In der Attributtabelle werden alle Fälle deselektiert. Anschließend folgende Schritte im Menüfeld anklicken: "Thema/Eigenschaften/Hot Link". Im Dialogfenster wählen Sie unter Feld „Hotlink" und unter Vordefinierte Aktion „Mit Dokument verknüpfen".

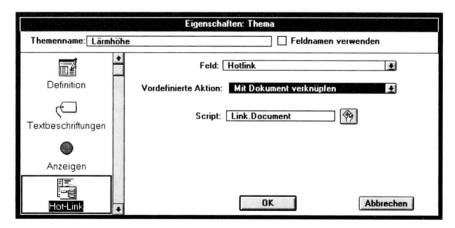

Mit dem Werkzeug "Hot-Link" kann jetzt ein Gebäudeteil (hellblaues Kästchen) angeklickt werden. Es erscheint jeweils ein Säulendiagramm, das die unterschiedlichen Lärmbelastungen je nach Gebäudehöhe aufzeigt. Mit dem Werkzeug "Objekte wählen" können ein oder mehrere Gebäude ausgewählt und mit „Hot-Link" die Lärmverteilung über die Stockwerke dargestellt werden.

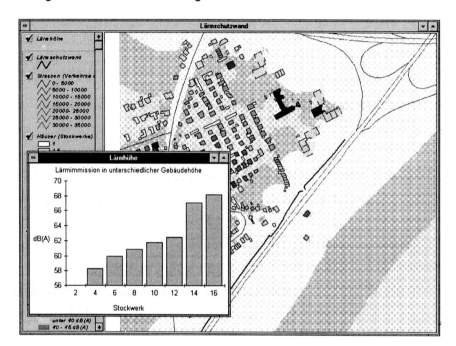

Ergebnisse und weitere Übungsvorschläge

Das gezeigte Beispiel zur Lärmminderung ist nur eines von vielen denkbaren Lösungen. Gerade im Straßenverkehrsbereich gibt es eine Vielzahl von Maßnahmen, die sich positiv auf die Verminderung von Verkehrslärm auswirken. Als weitere Berechnungsbeispiele für die Lärmminderung unter Einsatz eines Lärmausbreitungsmodelles können folgende unterschiedliche Möglichkeiten genannt und berechnet werden, wie zum Beispiel:

- Minderung durch Geschwindigkeitsbegrenzungen

- Minderung durch Verkehrsbeschränkungen und -umleitungen
  Dies kommt besonders in Wohngebieten mit hohem Anteil an LKW-Verkehr in Frage, oder bei räumlicher Nähe von Krankenhäusern, Altenwohnheimen, Kurhäusern und ähnlichem.

- Minderung durch LKW-Verbot
  Je nach LKW-Anteil am Verkehr kann sich ein Verbot dieser Fahrzeuge stark lärmmindernd auswirken.

- Minderung durch Vermeidung unnötiger Halte- und Anfahrvorgänge
  Eine Optimierung der 'Grünen Welle' oder die verkehrsabhängige Steuerung von Lichtzeichenanlagen kann unnötige Brems- und Anfahrgeräusche an Verkehrsknotenpunkten verhindern.

- Minderung durch geräuscharme Fahrbahnbeläge
  Die Straßenoberfläche kann, je nach Straßenbelag, eine Lärmminderung über 4 dB(A) bewirken (Pflastersteine/Asphaltbeton).

- Minderung durch Lärmschutzwände
  Schallschutzwände haben üblicherweise eine Höhe zwischen ein bis fünf Meter. Diese steht in Abhängigkeit von der angestrebten Lärmminderung. Bei ihrem Bau ist auch die Reflektionseigenschaft der Wand mit der Wirksamkeit der Immissionsminderung zu beachten.

- Minderung durch Hochlagen
  Hochlagen von Straßen können bei einer neben der Straße stehenden mehrgeschossigen Bebauung günstig sein. Solche Straßentrassierungen sind aber oft mit dem Orts- bzw. Landschaftsbild unverträglich.

- Minderung durch Tieflagen
  Straßen in Einschnitte oder Tunnel zu verlegen, ist für die Lärmminderung sehr positiv zu sehen. Diese Lösung ist aber oft aus Kostengründen nicht realisierbar.

- Minderung durch Schutzwald
  Die Wirkung eines schmalen Schutzwaldes zur Lärmminderung ist nur gering. Trotzdem ist eine psychologische Wirkung durch die optische Grenze zu verzeichnen.

Die Ergebnisse der oben genannten Alternativen für Lärmausbreitungsmodelle sollen die Möglichkeiten zur Lärmminderung darstellen. Somit kann für Konfliktgebiete eine optimale Lärmminderungsmaßnahme unter Berücksichtigung der Kosten, der zeitlichen Abwicklung und der Einordnung in die Umweltplanung und Stadtentwicklung entwickelt werden.

Literatur

HESSISCHE LANDESANSTALT FÜR UMWELT (1993): Handlungsanleitung zur Lärmminderungsplanung in Hessen, Umweltplanung, Arbeits- und Umweltschutz. Heft 155.

DER MINISTER FÜR UMWELT, RAUMORDNUNG UND LANDWIRTSCHAFT DES LANDES NORDRHEIN-WESTFALEN (1986): Lärmminderungspläne, Ziele und Maßnahmen.

UMWELTBUNDESAMT (1992): Verkehrslärmminderung, Erhebung der Minderungspotentiale.

RAUMORDNUNGS-, KOMMUNAL- UND INFRASTRUKTURPLANUNG

Roland Trauth, Ralf Kazymyriw

Lektion 12: **Ermittlung der Abflußparameter eines Kanalnetzes**

Steckbrief	
GIS-Themen	– Verknüpfung von Geometrie- und Sachdaten
	– Auswertung unterschiedlicher thematischer Ebenen
ArcView-Funktionen	– Verknüpfung von Tabellen
	– Austausch von Datenbanken
	– Datenbankabfragen
	– Darstellung der Ergebnisse als Diagramm und Tabelle
Anwender	– Wasserwirtschaft, Tiefbauämter, Hochschulen
Datenquellen	– Daten des Karlsruher Ortsteiles Grünwettersbach-Palmbach

Autoren:

Roland Trauth, Jahrgang 1968; studierte Bauingenieurwesen an der TH Karlsruhe mit Schwerpunkt Siedlungswasserwirtschaft. Seit 1993 wiss. Mitarbeiter am Institut für Siedlungswasserwirtschaft der Universität Karlsruhe (TH), Arbeitsschwerpunkte: Lehre von CAD und GIS in der Siedlungswasserwirtschaft; Grundwassergütemodellierung; Am Fasanengarten, 76128 Karlsruhe.

Ralf Kazymyriw, Jahrgang 1967; studiert Bauingenieurwesen an der TH Darmstadt und der TH Karlsruhe mit Schwerpunkt Wasserbau; Arbeitsschwerpunkt: GIS in der Siedlungswasserwirtschaft; Heidestraße 1, 91572 Bechhofen.

Einführung

Abwasser fällt in allen Haushalten sowie in jedem Industrie- oder Gewerbebetrieb an. Die Sammlung und Ableitung des Schmutzwassers erfolgt meist unterirdisch in der Kanalisation, in welcher auch das Niederschlagswasser gesammelt und abgeführt wird. Starke Niederschlagsereignisse, verbunden mit einer zunehmenden *Oberflächenversiegelung*, führen immer häufiger, trotz *Regenrückhaltebecken* und anderer Gegenmaßnahmen, zu einer Überlastung der *Trenn- oder Mischkanalisation*. Die Folge ist ein Rückstau im Kanal, was nach Überschreiten des natürlichen *Kanalstauraumvolumens* zu einem Wasseraustritt aus dem Kanalnetz und zu einer Überschwemmung von Straßen oder Kellern führen kann.

Die planenden Ingenieure sind daher gefordert, Strategien zu entwickeln, um z. B. die *Oberflächenversiegelung* auf das nötige Maß zu beschränken und stark verdichtete Ballungszentren aufzulockern. Dies wird immer häufiger durch die Auswertung von Fernerkundungsbilddaten mittels eines Geographischen Informationssystemes (GIS) realisiert [STIES, M.; TRAUTH, R.]. Dieses Verfahren ist jedoch nicht Gegenstand dieser Lektion.

Die zweite Strategie besteht darin, den Abflußprozeß und den damit verbundenen Schadstofftransport im Kanalnetz detaillierter zu untersuchen, um daraus ergänzende Informationen, beispielsweise für Kanalsanierungspläne, zu erhalten. Hierzu werden bereits existierende Niederschlags-, Abfluß- und Schmutzfrachtmodelle (z.B. *HAuSS* [JAKOBS, J.; KARAVOKIROS, G.; ZIMMERMANN, J.]) mit den mächtigen Möglichkeiten eines GIS sowie den Auswertungs- und Darstellungsfunktionen eines 'Desktop-GIS' wie ArcView verknüpft.

In der vorliegenden Beispielssitzung werden die abflußwirksamen Teilflächen für das Kanalnetz des im Außenbereich der Stadt Karlsruhe gelegenen Ortsteiles Grünwettersbach-Palmbach berechnet und nach der Simulation mit einem vorgegebenen *Bemessungsregen* in *HAuSS* auf Überlastungen einzelner Kanalstränge und Schächte hin untersucht.

Aufgabenstellung

Folgende Fragestellungen müssen beantwortet werden:

1. **Wie groß ist der Anteil der abflußwirksamen Flächen (A_{red}) innerhalb der Teileinzugsgebiete jedes einzelnen Kanalstranges?**
2. **Wo befinden sich überlastete Hauptsammler und die dazugehörigen Schächte?**
3. **Wie stellt sich die Belastungssituation des gesamten Kanalnetzes dar?**

Die Arbeitsvorgänge zur Beantwortung obiger Fragen gliedern sich in folgende Teilschritte:

- Auswertung der mit dem GIS 'ArcCAD' durchgeführten Verschneidung zwischen der Flächennutzung innerhalb der Ortschaft und den Teileinzugsgebieten durch Aufsummieren der abflußwirksamen Teilflächen [ATV]. Diese wurden zuvor mit 'Feldwertberechnung' unter ArcView berechnet. Diese Funktion steht nur in der Vollversion zur Verfügung.

- Selektierung und graphische Auswertung der Simulationsergebnisse unter Berücksichtigung der Kriterien:
  - Überlastung des Stranges und der Schächte aufgrund eines Anstiegs des Wasserspiegels über die Geländeoberkante
  - Erfassung relevanter Hauptsammler durch Wahl eines Leitungsdurchmessers größer gleich DN 500

- Erstellen von Präsentationsgrafiken zur anschaulichen Darstellung der Ergebnisse.

Datensituation

Zu der Ortschaft Grünwettersbach-Palmbach liegen die Charakterisierung der Oberfläche (z.B. Strassen, Dachflächen, Freiflächen, etc.), der Kanalnetzplan sowie die zu den Kanalsträngen gehörenden Teileinzugsgebiete in digitalisierter Form vor. Die Datenbestände der Ortschaft und die der Teileinzugsgebiete sind sowohl einzeln, als auch inhaltlich vereinigt im Projektbeispiel vorhanden. Die Verschneidung wurde am Institut für Siedlungswasserwirtschaft der Universität Karlsruhe mit ArcCAD durchgeführt. Die Simulationsergebnisse aus dem Kanalnetzberechnungsmodell sind als Tabellen für weitere Auswertungen vorhanden.

Handlungsanweisung

Berechnung der abflußwirksamen Fläche 'Sum_ared' für jedes Teileinzugsgebiet

Nach der Verschneidung der thematischen Karten des Ortsplanes und der Teileinzugsgebiete wurde mit 'Feldwertberechnen' in ArcView ein neues Kriterium ('Ared') erstellt und berechnet. Ermittelt wurde diese Größe aus der Einzelfläche ('Area') jeder Nutzungsart (z.B. Gebäude), multipliziert mit dem zugehörigen *Abflußbeiwert* und 10^6, um die Dimension von km² auf m² umzuwandeln. Somit erhält man zu jedem Teileinzugsgebiet eine Vielzahl kleiner abflußwirksamer Flächen, die nun durch das Erzeugen einer neuen Tabelle 'Sum_ared.dbf' für jedes Teileinzugsgebiet aufsummiert werden.

- Schließen Sie zuerst das Hauptfenster und öffnen Sie das View 'Verschneidung'.

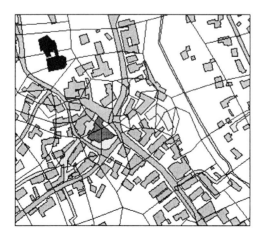

- Öffnen Sie jetzt mit der Schaltfläche 'Tabelle öffnen' die Tabelle 'Attributes of Verschneidung'.

- Nun markieren Sie in der Attribut-Tabelle die Spalte 'Teileinzugsgebiet'.

- Aktivieren Sie die Schaltfläche 'Feldstatistik'.

- Wählen Sie aus der Feldliste ('Ared') aus, und markieren Sie bei 'Statistik vom Feld' die Variable ('Summe'), die Sie durch 'Hinzufügen' der Gruppenliste als 'Summe_Ared' zuweisen.

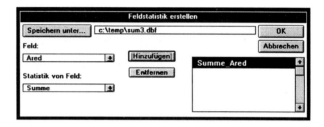

Damit wurde eine neue Tabelle 'Sum_ared.dbf' erzeugt, die nun die benötigten Abflußkenndaten beinhaltet, aber noch nicht mit den Sachdaten der Teileinzugsgebiete verknüpft ist.

- Schließen Sie mit dem Menübefehl 'Datei' / 'Alles schließen' alle offenen Fenster.

Verknüpfung von 'Sum_ared.dbf' mit den Attributen der Teileinzugsgebiete über das gemeinsame Verbindungsfeld 'Teileinzugsgebiet'.

- Öffnen Sie die beiden zu verknüpfenden Tabellen 'Sum_ared.dbf' und 'Attributes of Teileinzugsgebiete'.

- Markieren Sie nun in der Tabelle 'Sum_ared' (Quell-Tabelle) die Spalte 'Teileinzugsgebiet'.

- In der Tabelle 'Attributes of Teileinzugsgebiete' (Ziel-Tabelle) markieren Sie ebenfalls die Spalte 'Teileinzugsgebiet'. Achten Sie darauf, daß diese Tabelle vor dem 'Verbindungs' - Befehl aktiv ist!

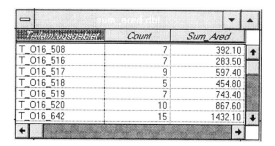

- Führen Sie mit Hilfe der Verbindungs-Schaltfläche die Verknüpfung der beiden Tabellen durch.

Nach Ausführen dieses Befehls werden der Ziel-Tabelle die Daten der Quell-Tabelle angefügt, die daraufhin vom Bildschirm verschwindet.

Die Frage 1 ist damit beantwortet und in der Ziel-Tabelle sind sämtliche Kanalteileinzugsgebiete mit ihren zugehörigen abflußwirksamen Flächen verknüpft.

Anmerkung:
Um den Datenaustausch mit dem Simulationsprogramm *HAuSS* zu ermöglichen, müßten nun noch folgende Arbeitsschritte vollzogen werden, deren Durchführung jedoch nur in der Vollversion von 'ArcView' möglich ist:

- Erzeugen eines neuen Feldes in 'Attributes of Teileinzugsgebiete' und Berechnung des Gesamtabflußbeiwertes ('Abflußbeiwert') mit Hilfe der 'Feldwerberechnung', wobei hierzu 'Sum_ared' durch die Teileinzugsgebietsfläche 'TEG-Fläche' dividiert werden muß (wurde durch die Autoren bereits erzeugt).

  Damit wurden die zur Simulation benötigten Informationen berechnet und stehen im Datenaustausch, über die Export-Schnittstelle, für die Modellierung zur Verfügung.

- Schließen Sie mit dem Menübefehl 'Datei' / 'Alles Schließen' alle offenen Fenster.

Auswertung und Darstellung der Simulationsergebnisse

Bei der Abflußsimulierung eines Kanalnetzes fallen sehr große, unübersichtliche Datenmengen an. Die Funktionalität von Berechnungsmodellen in Bezug auf Selektierung und visuelle Darstellung der Problemstellen ist dahingehend oftmals unzureichend. Dies trifft bereits für das im Projektbeispiel vorgestellte Kanalnetz zu, welches aus 800 Einzelsträngen besteht.

Das Ergebnis der Simulation wird aus diesem Grund als Tabelle ('Result1.dbf') importiert, um für die Auswertung unter ArcView zur Verfügung zu stehen.

Identifizierung und statistische Auswertung der Hauptsammler des Kanalnetzes, die beim Bemessungsregen überlaufen

- Öffnen Sie die Tabellen 'Result1.dbf' und 'Attributes of Kanalnetz'.

- Markieren Sie zuerst in der 'Result.1'-Tabelle 'und dann in der 'Attributes of Kanalnetz'-Tabelle das Verbindungsattribut 'Strangname'.

- Führen Sie die Verknüpfung mit Hilfe der Schaltfläche 'Verbinden' durch.

- Öffnen Sie anschließend das View 'Ortschaft und Kanalnetz' und schalten Sie alle Themen außer 'Kanalnetz' aus, welches Sie im Anschluß daran aktivieren.

- Starten Sie den Abfrage-Manager. Geben Sie nun nach dem unten abgebildeten Schema die Kriterien ein und bestätigen Sie die Abfrage mit 'Neue Auswahl'.

([Bemerkung] = 'STAU UE.GOK') and ([Durchmesser] >= 500)

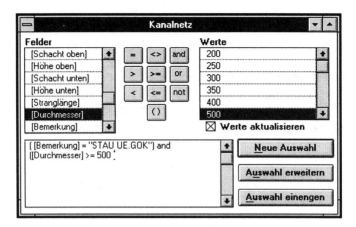

- Schließen Sie das Fenster des Abfrage-Managers und holen Sie über das Menü 'Fenster' die Tabelle 'Attributes of Kanalnetz' in den Vordergrund.

- Die betreffenden Kanalstränge sind in der Tabelle und im View farblich gekennzeichnet. Mit der Schaltfläche 'Hochschieben' können alle selektierten Datensätze übersichtlich in einem Block zusammengefaßt werden. (Dieser neue Datensatz wurde zur Simulierung der Schachtganglinien exportiert).

- Markieren Sie die Spalte 'Result_1' in der Tabelle 'Attributes of Kanalnetz'.

- Ermitteln Sie die Anzahl und Gesamtlänge aller Stränge, die die obigen Kriterien erfüllen, mit dem Menü 'Feld' / 'Feldstatistik'.

- Heben Sie den Auswahlsatz mit Hilfe der Schaltfläche 'Nichts auswählen' auf und ermitteln Sie die Gesamtlänge des Kanalnetzes.

- Heben Sie den Auswahlsatz mit Hilfe der Schaltfläche 'Nichts auswählen' auf und ermitteln Sie die Gesamtlänge des Kanalnetzes.

Man erkennt auf diese Weise sehr schnell, daß die Anzahl der Problemstellen weniger als 1% des Gesamtnetzes ausmachen.

- Schließen Sie mit dem Menübefehl 'Datei' / Alles schließen' alle offenen Fenster.

Verknüpfung der in den Problemschächten simulierten Abflußganglinie mit den Schachtdaten.

Da ein Strang durch die Verbindung zwischen zwei Schächten ('Schacht oben', 'Schacht unten') definiert ist, muß nun noch die Frage geklärt werden, aus welchem Schacht Wasser austritt. Daher wurde eine zweite Simulation durchgeführt, die sich ausschließlich auf die erkannten Problemfälle bezog, was eine wesentliche Rechenzeitverkürzung bei der Simulation ergab.

Die Ergebnisse dieser zweiten Simulation sind in den Tabellen 'Result2.dbf' und 'Result3.dbf' zusammengestellt und werden in den folgenden Arbeitsschritten ausgewertet.

- Öffnen Sie die beiden Tabellen 'Result2.dbf' und 'Attributes of Schächte'.

- Markieren Sie in beiden Tabellen das 'Verbindungsfeld' 'Schacht' und führen Sie die Verknüpfung durch (Ziel-Table ist 'Attributes of Schächte').

- Starten Sie erneut das Menü für Datenbankabfragen und geben Sie das folgende Kriterium ein. Danach bestätigen Sie die Abfrage mit 'Neue Auswahl'.

([Hgok] = [Hmax])

Aus dem Vergleich der Werte für 'Hgok' (Geländehöhe) und 'Hmax' (maximale Füllhöhe im Schacht) erkennen Sie, ob Wasser aus dem Schacht austritt. Dies ist dann der Fall, wenn 'Hgok' gleich 'Hmax' ist.

- Schließen Sie den Abfrage-Manager.

- Mit der Schaltfläche 'Hochschieben' können alle Datensätze, die das obige Kriterium erfüllen, übersichtlich in einem Block zusammengefaßt werden.

- Aktivieren Sie das View 'Ortschaft und Kanalnetz' und darin das Theme 'Schächte'. Heben Sie es hervor und zoomen Sie dann mit Hilfe der Schaltfläche 'Vergrößern auf Auswahl' zu den selektierten Objekten.

- Beschriften Sie mit 'Thema: Autom. Beschriftung' alle selektierten Schächte.

- Schließen Sie mit dem Menübefehl 'Datei: Alle schließen' alle offenen Fenster.

Ergebnisse und weitere Vorschläge

Darstellung der Schachtdaten

Mit der Identifizierungs-Schaltfläche können die Wasserstände der überlaufenden Einzelschächte in Tabellenform ermittelt werden. Anschaulicher wird die Auswertung durch das Erstellen von Ganglieniendiagrammen zu den betreffenden Schächten, woraus auf einen Blick der Zeitpunkt und die Dauer des Überlaufes abgelesen werden können.

- Öffnen Sie die Tabelle 'Result3.dbf' und aktivieren Sie das Fenster 'Eigenschaften: Diagramm' mit Hilfe der Schaltfläche 'Diagramm erstellen'.

- Aus der Feldliste wählen Sie zuerst 'Zeitschritte' und anschließend einen Schacht aus, z.B. '61232824'. Übergeben Sie beide mit 'Hinzufügen' der Gruppenliste und bestätigen mit 'OK'.

Abflußsimulation

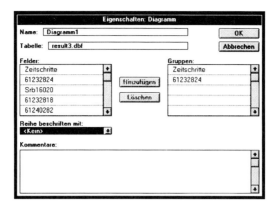

- Als Diagrammtyp wählen Sie eine xy-Darstellung, da es sich um xy-Bezüge handelt, und betätigen die Schaltfläche 'xy-Streudiagramm'.

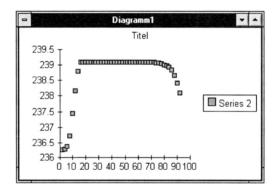

Der Wortlaut der Legende und des Titels können bei Bedarf, respektive für eine Ergebnispräsentation, entsprechend abgeändert werden.

Aus der Darstellung geht hervor, daß der kritische Zeitpunkt ca. 15 Minuten nach Regenbeginn eintritt und der Strang für mehr als 60 Minuten überlastet bleibt. Größere Überschwemmungen im angrenzenden Bereich sind zu erwarten.

Sie können die gleiche Auswertung auch für den Schacht 'Srb16020' durchführen und werden feststellen, daß der kritische Zeitpunkt zwar ebenfalls nach ca. 15 Minuten eintritt, die Überlastung des Kanalquerschnittes aber nur für einen Zeitraum von etwa 5 Minuten andauert. Nach ca. 30 Minuten ist die größte Abflußwelle abgeleitet und die Überschwemmung hält sich in diesem Bereich in Grenzen.

- Schließen Sie mit dem Menübefehl 'Datei: Alle schließen' alle offenen Fenster.

Betrachtung des Gesamtkanalnetzes

Neben der Identifizierung der einzelnen Problemstellen im Gesamtmeßnetz ist auch die Gegenüberstellung aller Ergebnisse in Form eines Balkendiagrammes sinnvoll.

- Öffnen Sie hierzu die Tabelle 'Result1.dbf'.

- Markieren Sie das Attribut 'Bemerkung' und aktivieren Sie die Schaltfläche 'Feldstatistik'.

- Aus der Feldliste 'Result1' und bei 'Statistik vom Feld' wählen Sie die Variable 'Anzahl' aus und weisen Sie sie mit 'Hinzufügen' der Gruppenliste zu. Sie erzeugen damit erneut eine Tabelle.

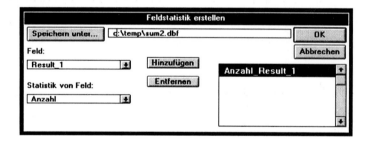

- Mit Hilfe der Schaltfläche 'Diagramm erstellen' öffnen Sie das Dialogfenster 'Eigenschaften: Diagramm'. Wählen Sie als Feld 'Count_ result1' und aus 'Reihen beschriften mit' 'Bemerkung'. Bestätigen Sie Ihre Eingaben mit 'OK'.

- Es wird ein Balkendiagramm erzeugt, das die Einzelereignisse summarisch darstellt. Das Balkendiagramm belegt eindeutig, daß die meisten der Kanalstränge keine Probleme bereiten.

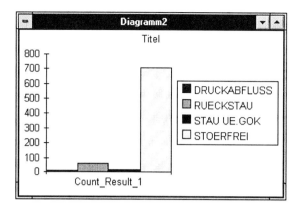

Begriffsbestimmungen

Abflußbeiwert:
Verhältnis der reduzierten Fläche zur Gesamtfläche

Bemessungsregen:
Niederschlagsspende, nach der das Kanalnetz bemessen wird. Die Bemessungsregenspende [l/(s*ha)] enthält Regendauer und Regenhäufigkeit. (für Stadtgebiete wird oft ein Regen der Dauer von 15 Minuten bei einer Eintrittshäufigkeit von 1mal in 2 Jahren angenommen)

HAuSS:
Hydrodynamisches **A**bfluß **u**nd **S**chmutzfracht **S**imulationsmodell; ein am Institut für Siedlungswasserwirtschaft der Universität Karlsruhe (TH) entwickeltes Simulationsmodell für Kanalnetzberechnungen)

Kanalstauraumvolumen:
Nutzbares Stauvolumen in Abwasserkanälen, ohne daß es zu einer Überschwemmung kommt.

Oberflächenversiegelung:
Befestigter und undurchlässiger Teil des angeschlossenen Entwässerungsgebietes.

Reduzierte Fläche (Ared):
Abflußwirksame Oberfläche, d.h. die Fläche des Einzugsgebietes, die effektiv zum Abfluß beiträgt.

Regenrückhaltebecken:
Speicherraum für Regenabflußspitzen im Misch- oder Trennsystem zur Entlastung der Kanalisation.

Teileinzugsgebiet:
Das durch einen bestimmten Kanalstrang erfaßte oder erfaßbare Regen- oder Schmutzwassereinzugsgebiet.

Trenn-/Mischkanalisation:
Kanalsystem, in dem Schmutzwasser und Regenwasser getrennt/gemeinsam abgeleitet werden.

Literatur

[1] STIES, M.; TRAUTH, R.: „Erfassung und Charakterisierung von Oberflächen" in Schadstoffe im Regenabfluß III; Präsentation des BMBF-Verbundprojektes: „Niederschlagsbedingte Schmutzbelastung der Gewässer aus städtischen befestigten Flächen"; Schriftenreihe des Instituts für Siedlungswasserwirtschaft der Universität Karlsruhe (TH); S. 199-219; 1995.

[2] JAKOBS, J.; KARAVOKIROS, G.; ZIMMERMANN, J.: „Konzept und Aufbau des Schmutzfrachtmodells HAuSS" in Schadstoffe im Regenabfluß III; Präsentation des BMBF-Verbundprojektes: „Niederschlagsbedingte Schmutzbelastung der Gewässer aus städtischen befestigten Flächen"; Schriftenreihe des Instituts für Siedlungswasserwirtschaft der Universität Karlsruhe (TH); S. 269-292; 1995.

[3] ATV (Abwassertechnische Vereinigung): „Richtlinien für die hydraulische Berechnung von Schmutz-, Regen- und Mischwasserkanälen"; ATV Regelwerk Arbeitsblatt A 118; 1977.

GIS und Logistik

Ulrich Kick

Lektion 13: Logistikanwendungen auf der Basis von Straßennetzdaten

Steckbrief	
GIS-Themen	– Straßennetzdaten als Navigationsbasis
	– Verknüpfung von Optimierungsmodellen mit GIS-Daten
	– Einbinden von Rasterdaten
ArcView-Funktionen	– Verknüpfung von Tabellen
	– Ergebnisdarstellung in Diagrammen
Anwender	– Transport- und Logistikunternehmen aller Branchen
Datenquellen	– EGT 1995. All rights reserved. No part, contentor result of this compact disc may be reproduced, stored in a retrieval system and / or transmitted in any form or by any means without the prior written consent of EGT.
	– CNES 1994, SPOTview Collection Deutschland is distributed by ESRI GmbH and SPOT IMAGE

Autor:

Ulrich Kick, Jahrgang 1964, studierte Informatik mit Schwerpunkt Elektrotechnik an der TU München; anschließend wissenschaftlicher Mitarbeiter an der Universität Stuttgart, Aufbau eines GIS für die Landschaftsrahmenplanung; seit Anfang 1995 bei ESRI GmbH, Entwicklung von GIS-Anwendungen im Bereich Netzwerke und Logistik.

Einführung

Der Begriff Logistik umfaßt ganz allgemein die zielorientierte Planung, Steuerung und Realisierung von Gütertransport und -lagerung. Dabei ist unter betriebswirtschaftlichen Gesichtspunkten immer eine möglichst kostengünstige Lösung anzustreben. Zu den typischen logistischen Optimierungsaufgaben zählen:

- die *Lagerhaltung*, in der der Bestand kleingehalten und Zugriffszeiten verkürzt werden sollen

- die *Personaleinsatzplanung*, in der man versucht, mit möglichst wenigen Beschäftigten alle anfallenden Aufgaben zu erfüllen

- die *Tourenplanung*, welche die Kosten der Güterverteilung mindern soll und durch ihren starken Raumbezug ein naheliegendes Feld für den effektiven GIS-Einsatz darstellt

Logistische Probleme sind unter anderem charakterisiert durch:

- *zeitliche Randbedingungen*, wie z.B. Arbeitszeitregelungen, Kundentermine oder Reihenfolgebedingungen in einem Arbeitsprozeß

- *räumliche Bezüge,* welche die Lage der Angebots- und Nachfrageorte sowie den Weg dazwischen beschreiben

- *Kosten,* die für Bereitstellung und Transport der Güter anfallen und deren Gesamtsumme minimiert werden soll

Die genannten Punkte sind meist aufs engste untereinander verknüpft. So bestimmt etwa die Entfernung zu einem Kunden auch Fahrtzeit und -kosten für eine Lieferung. Nur die Betrachtung aller problemrelevanten Aspekte in einem durchgängigen Verfahren ermöglicht kostenoptimale Lösungen. In der Praxis stößt man wegen der Größe und Komplexität der Fragestellungen oft an Grenzen, z.B. ist es für einen Menschen kaum möglich, Hunderte von Kundenterminen, unter gleichzeitiger Berücksichtigung der zeitlichen und räumlichen Bezüge, optimal auf Außendienstmitarbeiter zu verteilen. Man ist gezwungen, das Problem durch Zerteilung in überschaubare Gebiete handhabbar zu machen, wodurch man jedoch gewisse Einsparungsmöglichkeiten von vorneherein verloren gibt. Hieraus ergibt sich die Motivation für den EDV-Einsatz in der Logistik: rechnergestützte Verfahren liefern günstigere Lösungen und helfen damit Kosten sparen.

Aufgabenstellung

Wir beschäftigen uns an dieser Stelle mit einer typischen raumbezogenen Fragestellung, nämlich der Verteilung von Gütern über ein Straßennetz. In den folgenden Abschnitten werden zunächst die zugrundeliegenden Daten vorgestellt. Als erste Applikation zeigen wir das Auffinden von Kundenadressen im Straßennetz. Im weiteren nähern wir uns einem klassischen Problem der Tourenplanung, nämlich der Verteilung von Gütern von einem zentralen Depot aus zu einigen Filialen, wobei die Fahrtkosten unter Berücksichtigung der Fahrzeugkapazitäten und beschränkter Einsatzzeiten möglichst gering gehalten werden sollen. Wir verwenden das Desktop-GIS ArcView zur anschaulichen Analyse von Optimierungsergebnissen.

Datensituation

Konventionelle manuelle Routenplanung basiert auf Straßenkarten. Für eine rechnergestützte Bearbeitung reicht die bloße digitale Darstellung der Karten als Rasterbild nicht aus. Vielmehr erfordert die automatische Optimierung ein detailliertes Straßennetz mit vielen verkehrsrelevanten Attributen, wie z.B. Geschwindigkeitsbeschränkungen, Einbahnregelungen, Hausnummern etc. Die flächendeckende Erfassung und ständige Aktualisierung solcher Daten ist mit erheblichem Aufwand verbunden, was eine erneute Digitalisierung für jede Anwendung unrentabel macht. Navigation Technologies (NavTech) und European Geographic Technologies (EGT) haben sich gemeinsam als einer der führenden Anbieter für weltweite Straßendatenbanken etabliert. In einem Netzwerk-Datenmodell ist jeder homogene Straßenabschnitt, z.B. zwischen zwei Kreuzungen, als Einheit beschrieben und logisch mit den anschließenden

Abschnitten verknüpft. Diese Daten werden auch im ARC/INFO-Format angeboten und bilden die Grundlage für folgende Anwendungsbeispiele.

Zur anschaulicheren Darstellung wird zusätzlich ein auf Satellitendaten beruhendes Bild hinterlegt. Dieses stammt aus der SPOTView Collection Deutschland der Firma SPOT IMAGE. Die Daten wurden im Jahr 1994 mit einer Bodenauflösung von 10m x 10m aufgenommen. Selbstverständlich ließe sich ebenso eine topographische Karte als Hintergrund verwenden. Dies verdeutlicht die Flexibilität von GIS für eine bedienungsfreundliche und anschauliche geographische Datenanalyse.

Handlungsanweisung

Straßendaten

Beispiel:

1. Öffnen Sie „Attributes of Straßenachsen". Im View können Sie nun vor dem Satellitenbild als Hintergrund die Straßenachsen und zwei ihrer Attribute visualisieren. Durch aktivieren des Themas „Geschwindigkeit" wird die beobachtete Durchschnittsgeschwindigkeit auf den Straßenabschnitten, welche in der Spalte „Av_speed" der „Attributes of Straßenachsen" abgelegt ist, gezeigt. „Einbahnstraßen" hebt zusätzlich die im Feld „Oneway" mit F (für from-to) oder T (für to-from) gekennzeichneten Abschnitte hervor. Verschieben Sie das Thema 'Straßenachsen' im Inhaltsverzeichnis zwischen die Themen 'Einbahnstraßen' und 'Geschwindigkeiten'.

2. Wenn Sie in der Tabelle einen Eintrag durch Mausklick auswählen, wird der betreffende Abschnitt auch im Thema „Straßenachsen" des Views in Gelb dargestellt. Umgekehrt, wird bei Selektion im Thema die zugehörige Tabellenzeile hervorgehoben.

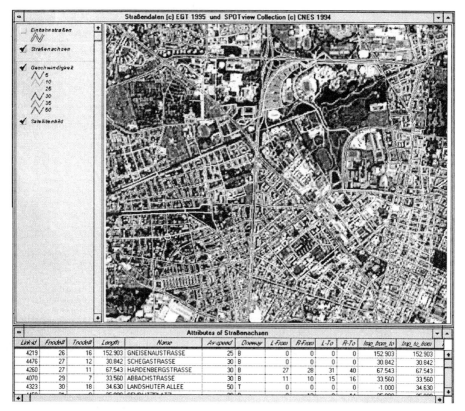

Abb. 1: Datengrundlage - Straßenachsen und Satellitenbild

Verfahren zur Tourenplanung

a) Kürzeste Pfade

Wenn Angebots- und Nachfrageort eines Transportvorgangs feststehen, stellt sich unmittelbar die Frage nach der günstigsten Fahrtstrecke zwischen diesen beiden Orten. Die Luftlinienentfernung liefert zwar einen Anhaltspunkt für die Ressourcen- und Terminplanung, sie ist jedoch gerade in städtischen Gebieten sehr ungenau und hilft nicht weiter, wenn dem Fahrer ein detaillierter Streckenplan bereitgestellt werden soll. Mit Hilfe eines GIS ist man in der Lage, in Sekundenschnelle den günstigsten Weg zwischen zwei Punkten, unter Beachtung der verkehrsrelevanten Straßenabschnittseigenschaften zu bestimmen. Die Abschnitte lassen sich mit beliebigen „Kosten" belegen, so daß neben Fahrtzeit und Streckenlänge auch z.B. Mautgebühren oder Kombinationen aus mehreren solcher Attribute als Minimierungskriterium zugrundegelegt werden können. Ergebnis ist die kartographische Darstellung der Fahrtstrecke.

Beispiel:

1. Öffnen Sie das View „Tourenplanung". Das Thema „Stationen" zeigt die Zentrale (D) und 25 Kunden (S), die versorgt werden sollen. „Einzeltouren" stellen den jeweils kürzesten Pfad von der Zentrale zu einem Kunden dar.

2. Öffnen Sie die Tabelle „Attributes of Einzeltouren" (mit der Weglänge in der Spalte Arclength) und „Attributes of Stationen" mit den Kundendaten.

3. Um über den Kunden den zugehörigen Pfad selektieren zu können und umgekehrt, etablieren wir eine Verbindung zwischen den beiden Tabellen. Selektieren Sie dazu in „Attributes of Einzeltouren" das Feld Single-id (im grauen Feld „Single-id") und in „Attributes of Stationen" das Feld „Nymsta-id" (Verbindungsattribut). Im Menü Tabelle finden Sie den Befehl „Gegenseitiges Verknüpfen", welcher die Tabellen über die selektierten Felder in beiden Richtungen verknüpft. Sie können nun beliebig im View und den beiden Tabellen auswählen und sehen immer sofort die zugehörigen Pfad- und Kundendaten.

b) Das Problem des Handlungsreisenden

In den meisten Fällen wäre es äußerst ungünstig, jeden Kunden einzeln anzufahren, und danach jeweils zum Depot zurückzukehren. Man benötigt daher ein Verfahren, welches die günstigste Rundtour durch eine Menge von Orten liefert. Diese Fragestellung ist bekannt als „Das Problem des Handlungsreisenden". Die zusätzliche Schwierigkeit gegenüber dem oben skizzierten Problem besteht darin, die optimale Anfahrreihenfolge der Kunden zu finden. Dies sieht auf den ersten Blick recht einfach aus und ist für eine relativ kleine Anzahl von Kunden auch tatsächlich gut handhabbar. Die Vielfalt möglicher Reihenfolgen wächst jedoch mit der Kundenanzahl explosionsartig an und zwingt bei manueller Bearbeitung sehr bald zu suboptimalen Strategien, d.h. die bestmögliche Lösung kann nicht mit vertretbarem Zeitaufwand ermittelt werden und man muß sich mit deutlich teureren Touren abfinden. Der Vorteil des Rechnereinsatzes ergibt sich daraus, daß die Grenze des Machbaren ganz erheblich erweitert wird. So findet man heute in wenigen Minuten Touren für mehrere Hundert Kunden, die der bestmöglichen Lösung nur wenig nachstehen.

Beispiel:

Das Thema „Rundtour" im View „Tourenplanung" zeigt einen optimierten Weg von der Zentrale zu allen Kunden und zurück. Die Weglänge, Fahrzeit usw. können Sie der Tabelle „Attribute der Rundtour" entnehmen.

c) Tourenplanung

Transportfahrzeuge besitzen einen begrenzten Laderaum und Fahrer bzw. Kunden stehen nur innerhalb gewisser Zeitabschnitte zur Verfügung. Solche Randbedingungen zwingen zur Bildung eines Tourenplans aus mehreren Touren. Jede Tour bedient nur einen Teil des Gesamtbedarfs. Neben den oben genannten Randbedingungen ist eine Vielzahl weiterer Problemspezifizierungen denkbar, wie z.B. Termine bei Einzelkunden, mehrere Depots, Zusammenladeverbote, veränderliche Transportmengen etc. Wir beschränken uns hier jedoch auf einen vergleichsweise einfachen Tourenplanungsfall: für die bereits bekannte Verteilungsaufgabe stehen nur zwei Fahrzeuge mit begrenzter Kapazität zur Verfügung. Jedem Fahrzeug sind Fixkosten pro Einsatz sowie variable Kosten pro gefahrener Strecke zugeordnet. Zusätzlich sind die Einsatzzeiträume begrenzt, dies könnte z.B. durch Anlieferzeiten in Fußgängerzonen oder durch zulässige Lenkzeiten bedingt sein.

Es soll ein kostenoptimaler Tourenplan ermittelt werden, der:

- alle Kunden bedient
- kein Fahrzeug überlädt
- die Zeitabschnitte einhält

Noch stärker als beim Problem des Handlungsreisenden wächst hier die Komplexität des Problems - d.h. die Vielfalt der Möglichkeiten, die Kunden verschiedenen Touren zuzuordnen - mit der Anzahl der Kunden enorm an. Selbst in der Forschung wird bis heute nur vereinzelt versucht, exakte Lösungen für praxisnahe Fragestellungen zu errechnen. Damit ist man angewiesen auf Heuristiken (von griech. „erfinderisch"), die man auch als „intelligentes Ausprobieren" bezeichnen könnte. Ein gängiger Vertreter der Heuristiken zur Tourenplanung ist der Sweep-Algorithmus. Dieser ordnet die Kunden nach ihrer Himmelsrichtung, vom Depot aus gesehen, an und weist die Kunden nach der so gewonnenen Reihenfolge jeweils einer Tour zu, solange diese alle Randbedingungen erfüllt, d.h. weder zu lange dauert noch den Lkw überlädt. Dann fährt man mit der nächsten Tour fort, bis alle Kunden zugeteilt sind. Folgende Skizze veranschaulicht den Vorgang:

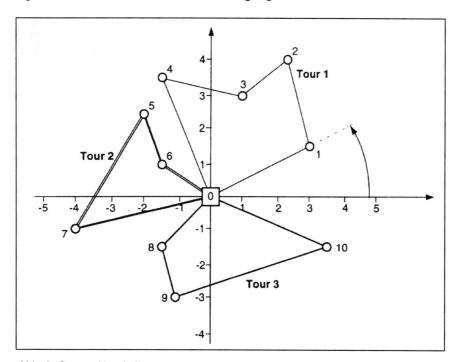

Abb. 2: Sweep-Heuristik

Beispiel:

1. Öffnen Sie den View „Tourenplanung" sowie die Tabelle „Attributes of Sweep-Touren". Das Thema „Sweep-Touren" zeigt die drei mit dem Sweep-Algorithmus erzeugten Touren.

2. Über die Kreuzreferenztabelle „Sweep-Einsätze" können nun die „Fahrzeuge", die „Zeitabschnitte" und die „Sweep-Stops" logisch angebunden werden. Letztere werden weiter zu den „Attributes of Stationen" in Beziehung gesetzt.

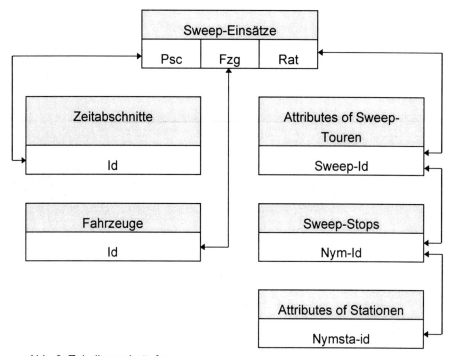

Abb. 3: Tabellenverknüpfungen

Sie können die Verknüpfungen, analog zum Schritt 3 im Beispiel „Kürzeste Pfade", einzeln definieren. In der Vollversion von ArcView kann dies durch Avenue-Scripst erfolgen. Damit können Sie z. B. durch Auswahl eines Eintrags in „Fahrzeuge" auf einen Blick sehen, in welchen Zeitabschnitten, und für welche Touren es eingeplant wurde und welche Kunden dabei bedient werden.

Standortplanung

Die Routen- und Tourenplanung wird meist zur Kostenminderung im operativen Betrieb angewandt. GIS-Anwendungen können jedoch auch im strategischen Bereich, zu dem die Standortwahl gehört, wertvolle Dienste erweisen und verknüpfen die verschiedenen Planungsebenen auf ideale Weise über die gemeinsame Datenbasis. Wir stellen hier lediglich eine Grundfunktion von netzwerkorientierten GIS vor, die jedoch bereits das breite Spektrum möglicher Anwendungen erahnen läßt. Die Erreichbarkeit von Standorten läßt sich über die Anfahrzeiten potentieller Kunden zu diesem Standort modellieren. Deshalb ist es wichtig, für jeden möglichen Standort zunächst die Einzugsbereiche bezüglich verschiedener Maximalentfernungen darzustellen.

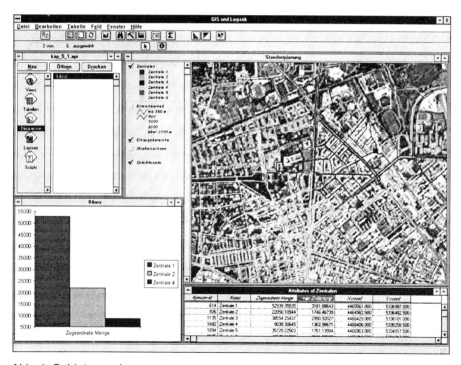

Abb. 4: Gebietszuordnung

Eine Menge von Kundenstandorten - hier alle Straßenabschnitte - läßt sich automatisch zum jeweils am besten erreichbaren Standort zuordnen, und es können sehr schnell Bilanzen über diese Zuordnung aufbereitet werden (siehe hierzu auch das Kapitel Forst 2000 - Forstwirtschaft mit GIS).

Literatur

BODIN, L., GOLDEN, B., ASSAD, A., BALL, M.: „Routing and Scheduling of Vehicles and Crews", Comput. & Ops.Res.Vol.10, No.2, pp. 63-211, 1983.

DOMSCHKE, W.: LOGISTIK: Bd. 2 „Rundreisen und Touren". R. Oldenburg Verlag München, Wien 1990.

4. Weitere Anwenderbeispiele

LAND- UND FORSTWIRTSCHAFT

Paul Rintelen, Hans Hummel

Beispiel 1: **Landwirtschaftliches Informationssystem**

Steckbrief	
GIS-Themen	– Flächendatenverwaltung
ArcView-Funktionen	– Tabellenmanagement
	– Flächenattributverwaltung
Anwender	– Landwirtschaftsverwaltung
	– Flurbereinigung
Datenquellen	– Katasterkarte
	– Luftbilder
	– Geländeerhebungen

Autoren:

Dr. Paul Rintelen, Dipl.-Ing.-agr., studierte in Weihenstephan Landwirtschaft. Staatsexamen, Wiss. Mitarbeiter am Lehrstuhl für angewandte landwirtschaftliche Betriebslehre, Themenschwerpunkt Landesplanung, Bereich Landwirtschaft. Seit 1975 GIS-Arbeiten, Agrarleitplanung Bayern. Seit 1985 Abteilungsleiter an der Landesanstalt für Betriebswirtschaft und Agrarstruktur, Abteilung Agrarstruktur und Agrarplanung, München.

Hans Hummel, Jahrgang 1959, studierte an der TU-Weihenstephan Landwirtschaft und ist seit 1987 bei der Firma ESRI GmbH, 85402 Kranzberg, Ringstr. 7, tätig. Er führt Arc/Info-Schulungen durch und arbeitet in der Software-Entwicklung und Applikationsprogrammierung.

Einführung

Die Landwirtschaft ist in der Bundesrepublik Deutschland der weitaus größte Flächennutzer. Keine andere Flächenkategorie ist so von Ansprüchen überfrachtet wie die offene Flur, die von Landwirten bewirtschaftet wird. Seit altersher ist sie Grundlage für die Einkommen der landwirtschaftlichen Betriebe und für die Ernährung der Bevölkerung. Die Industrie- und Freizeitgesellschaft hat diese Flächen mit zusätzlichen Ansprüchen, aber auch Belastungen belegt. Sie sind Freiraum für Erholungssuchende, Deponiefläche für Luftschadstoffe und Klärschlamm sowie Filtersubstrat für belastete Niederschläge. Gleichzeitig dienen sie als Reservefläche für Bau-, Verkehrs- und Industrieentwicklung. Ihre eigentliche Aufgabe, nämlich Grundlage unseres Lebens zu sein, scheint dabei bisweilen in den Hintergrund zu treten.

Angesichts der Bedeutung dieser natürlichen Ressourcen ist in keinem anderen Gebiet der Einsatz von Informationstechniken über Zustand, Lage und Entwicklung der Flächen so dringlich wie im Bereich der Landwirtschaft. Wie alle Sparten des primären Wirtschaftssektors ist auch die Landwirtschaft wirtschaftlich ins Hintertreffen geraten. In allen Industrieländern wird die landwirtschaftliche Produktion subventioniert. In der Europäischen Union wurde 1993 die Subventionierung der Landwirtschaft von der ursprünglichen Stützung der Agrarpreise in eine flächenbezogene Subventionierung geändert. Diese Änderung des Subventionssystems führte zu einem enormen administrativen Aufwand. Wenn ein Landwirt Flächenprämien erhalten möchte, muß er über jeden Schlag und dessen Nutzung Buch führen. Diese Informationen sind ständig bereitzuhalten, da jederzeit die Korrektheit seiner Flächenangaben und seiner Flächennutzung überprüfbar sein muß.

Die für diese "Prämienbuchführung" notwendigen Daten speichert die Verwaltung. Parallel dazu verwahrt der Landwirt eine oder mehrere Flurkarten, in denen die von ihm genutzten Grundstücke und Schläge gekennzeichnet sind.

In den Daten der Ämter sind die Flurstücke so beschrieben, daß sie jederzeit identifiziert werden können: durch die Gemarkungsnummer, die Flurstücksnummer und die Größe der Katasterfläche. Diese Daten werden mit dem amtlichen Flurbuch abgeglichen. Diese Flurstücksdatei ist über eine zehnstellige Betriebsnummer mit der Betriebsdatei verbunden, welche die aktuelle Nutzung, die wiederum Grundlage für die Prämienberechnung ist, beschreibt und weitere betriebliche Daten, wie Viehhaltung und Maschinenbesatz, enthält. Nun ist es dem Landwirt unbenommen, mehrere Flurstücke zu einem größeren Feldstück zusammenzufassen und einheitlich zu bewirtschaften. Daneben kann er natürlich auch seine Flurstücke unterteilt bewirtschaften oder ein größeres Flurstück mit einem anderen Bewirtschafter teilen. Sobald die Grenzen der tatsächlichen Bewirtschaftung von den Grenzen der Flurstücke abweicht, ist eine Kontrolle der tatsächlichen Nutzung sehr aufwendig. Ohne den Einsatz eines geographischen Informationssystems wird die Verwaltung dieser Flächendateien in Zukunft kaum mehr zu bewältigen sein.

Neben dieser Kontrollmöglichkeit von Flächenprämien, die durch die Reform der EU-Agrarpolitik notwendig wurden, sind zukünftig eine Menge anderer Flächenkontrollen vor Ort durchzuführen: Förderungsprogramme aus dem Bereich der Landwirtschaft und des Naturschutzes müssen ebenso in der Flur schnell erkennbar sein. Klärschlamm- und Wasserschutzverordnungen konkurrieren mit diesen Landwirtschafts- und Umweltprogrammen.

Begriffserklärungen

Flurstück
Ein Flurstück ist eine amtliche Fächeneinheit. In den Katasterkarten hat jedes Flurstück eine aus zwei Teilen bestehende eindeutige Nummer.

Feldstück
Ein Feldstück ist eine tatsächlich in der Natur vorliegende Flächeneinheit. Als anschaulicheren Begriff für Feldstück könnte man vielleicht den Begriff "Acker" verwenden.

Es kann durchaus vorkommen, daß Flurstücksgrenzen und Feldstücksgrenzen nicht identisch sind.

Schlag
Ein Schlag ist eine weitere Unterteilung eines Feldstücks. Beispielsweise kann ein Landwirt auf einem Teil eines Feldstücks Gerste und auf einem anderen Teil Weizen anbauen.

Aufgabenstellung und Datensituation

Für diese Aufgabe ist mit Hilfe der Entwicklungsumgebung von ArcView (der Programmiersprache Avenue) eine spezielle Anwendung entwickelt worden. Mit deren Hilfe soll nun geprüft werden, ob die beantragten Anbauprämien mit dem tatsächlichen Anbau übereinstimmen. Aus Datenschutzgründen sind die Daten absichtlich verfälscht. Es stehen folgende Daten zur Verfügung:

1. Katasterkarte als gerasterter Bilddatensatz (nw22-02.tif)
2. Luftbild (nw2202-3.lan)
3. Katasterkarte (kataster)
4. Schläge als Shapefile (schlaege.shp)
5. Verbindung der Flurstücke zu den Feldstücken als INFO-Datei (daten_a)
6. Verbindung der Feldstücke zu den Schlägen mit beantragter Nutzung als INFO-Datei (daten_bc)

Alle geographischen Daten sind georeferenziert und liegen in Gauß-Krüger-Projektion vor. Die Maßeinheit ist Meter.

1. „nw22-02.tif"
Die Datei "nw22-02.tif" ist ein Ausschnitt aus einer gescannten Katasterkarte, die hier als Image im TIFF-Format vorliegt.

2. „nw2202-3.lan"
Die Datei "nw2202-3.lan" ist ein Ausschnitt aus einem Luftbild, mit dessen Hilfe der tatsächliche Anbau kontrolliert werden kann.

3. „kataster"
Ist eine im Vektorformat vorliegende Karte im Maßstab 1:5000, welche die einzelnen Flurstücke als Polygone darstellt.

4. „schlaege.shp"
Enthält die aus dem Luftbild ersichtlichen Schlagabgrenzungen und liegt im Shapefile-Format vor. Diese Schlagabgrenzungen werden am Bildschirm mit dem hinterlegten Luftbild (nw2202-3.lan) erzeugt.

5. „daten_a"
Mit Hilfe dieser Datei kann eine Beziehung zwischen den Antragsdaten und der digital vorliegenden Katasterkarte hergestellt werden. Jedes Flurstück ist in maximal drei Feldstücke unterteilt. Die entsprechenden Feldstücksnummern stehen als Attribute FS_NR1, FS_NR2 und FS_NR3 zur Verfügung. Diese drei Attribute beziehen sich auf das Attribut FS_NR im Datensatz DATEN_BC. Mit der Spalte GEMA_FL (Kombination aus Gemarkungsnummer und Flurstücksnummer) kann eine Beziehung zur Katasterkarte hergestellt werden. Die Attribute der Tabellen können jeweils im Menüfeld 'LIS/Hilfe' eingesehen werden.

6. „daten_bc"
Dieser Datensatz ist eine Zusammenfassung aus zwei ursprünglichen Datensätzen B und C. Hier sind die eigentlichen Antragsdaten enthalten (Attribute FL_NUTZ, AN-TRAGSART, NUTZ_AGG, NUTZUNG). Über das Attribut FS_NR kann eine Beziehung zu DATEN_A hergestellt werden.

Handlungsanweisung

Mit Hilfe der Anwendung können zu einem Datensatz die zugehörigen Flurstücke automatisch in den Antragsdaten gesucht werden. Das geschieht dadurch, daß in "daten_bc" der entsprechende Datensatz ausgewählt wird. Unter dem Menü 'LIS' kann mit 'Flurstücke suchen' die Suche nach den zugehörigen Flurstücken gestartet werden. Die gefundenen Flustücke werden mit der Selektionsfarbe (gelb punktiert) angefärbt. Nun kann man mit Hilfe des Luftbildes in der Regel erkennen, wo der beantragte Schlag liegt. Das Menü 'LIS' beinhaltet auch die Funktion 'Antragsdatensatz suchen'. Damit kann festgestellt werden, ob und welche Anträge zu einem Flurstück vorliegen. Weitere Hilfen zur Demo sind unter 'LIS' bei 'Hilfe' zu erhalten.

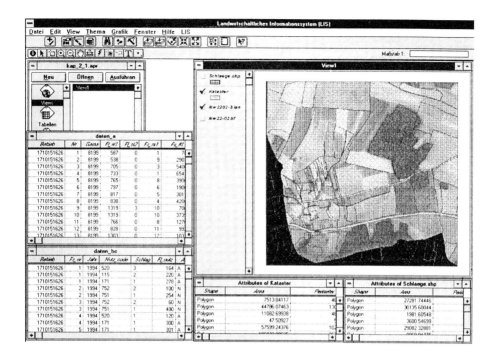

LAND- UND FORSTWIRTSCHAFT

Roman Lenz, Stephan Mendler, Roman Starý

Beispiel 2: **Kritische Schadstoffeinträge in Waldökosysteme Nordostbayerns**

Steckbrief	
GIS-Themen	– Interpretation von Grundlagendaten
	– komplexe Verschneidungen
	– GIS-Modellierung
	– Verknüpfung von Geometrie und Sachdaten
ArcView-Funktionen	– interaktive Handlungsabläufe
	– Erstellen von Statistiken
	– Ergebnisdarstellung als Views und Tabellen
Anwender	– Wissenschaft und Planung
Datenquellen	– BMFT-Projekt Nr.: 0339336A

Autoren:

Prof. Dr. Roman Lenz, Jahrgang 1956, studierte Agrarbiologie an der Universität Hohenheim mit den Schwerpunkten Pflanzenökologie, Standortkunde, Ökotoxikologie und Waldbau. Von 1985 bis 1992 war er wissenschaftlicher Assistent am Lehrstuhl für Landschaftsökologie der TUM-Weihenstephan und promovierte 1991 bei Prof. Haber über "Charakteristika und Belastungen von Waldökosystemen". Von 1992 bis 1996 leitete er als Angestellter an der GSF-Neuherberg das BMFT-Projekt "Umweltforschungs-Informationssysteme". Seit 1996 ist Roman Lenz Professor für Landespflege an der Fachhochschule in Nürtingen, Schelmenwasen 4 - 8, 72622 Nürtingen.

Dipl.-Ing (FH) Stephan Mendler, Jahrgang 1966, studierte Landespflege mit Studienrichtung Landschaftsplanung an der Fachhochschule Weihenstephan. Von 1992 bis 1994 war er als technischer Angestellter am Lehrstuhl für Landschaftsökolgoie der TUM-Weihenstephan für den Aufbau eines GIS im Rahmen eines Projektes über die Umweltauswirkungen nachwachsender Rohstoffe verantwortlich. Seit 1993 ist er selbstständig und Mitinhaber des Ingenieurbüros für Landschaftsinformatik (ILI), Bahnhofstraße 18, 85354 Freising.

Dipl.-Ing. Roman Starý, Jahrgang 1961, studierte Landespflege mit Vertiefungsrichtung Landschaftsökologie an der TUM-Weihenstephan. Von 1991 bis 1994 war er als wissenschaftlicher Angestellter am Lehrstuhl für Landschaftsökologie der TUM-Weihenstephan tätig, mit dem Schwerpunkt regionale Risikoabschätzung für Waldökosysteme unter Einsatz eines GIS. Seit 1994 ist er als Projektleiter im Planungsbüro Dr. Schaller, Ringstraße 7, 85402 Kranzberg, angestellt.

Einführung

Im Rahmen der europäischen Anstrengung zur Verminderung grenzüberschreitender Luftschadstofftransporte hat das Konzept der Critical Levels (kritische Schadstoffkonzentrationen) und Critical Loads (kritische Schadstoffeintragsraten) mittlerweile die früheren Ansätze der Best Available Technology (BAT) abgelöst. Das bedeutet, daß damit rezeptorbezogene Beurteilungsgrundlagen anstelle von rein vorbeugenden und am Stand der technischen Machbarkeit orientierten Schadstoffreduktionen zur Grenzwertsetzung herangezogen werden. In Form von Luftreinhalteabkommen werden seit etwa 1989 europaweit zahlreiche sogenannte Protokolle, z.B. für die Reduktion von Schwefel- und Stickstoffverbindungen erstellt, die die Übernahme dieser wissenschaftlichen Beurteilungsgrundlagen in die politische Entscheidungsfindung dokumentieren (vgl. CCE 1993, SRU 1994).

Der Sachverständigenrat für Umweltfragen (1994, S. 103) definiert die Critical Levels als „Luftschadstoffkonzentrationen..., bei deren Unterschreitung nach derzeitigem Stand des Wissens keine direkten Schäden an Rezeptoren zu erwarten sind" und Critical Loads als „quantitative Abschätzungen von Luftschadstoffdepositionen..., bei deren Unterschreitung nach derzeitigem Kenntnisstand, signifikant schädliche Effekte an Ökosystemen und Teilen davon nicht zu erwarten sind." Das gesamte, europaweit abgestimmte und bis ins Detail ausgearbeitete Vorgehen ist in Abb. 1 dargestellt.

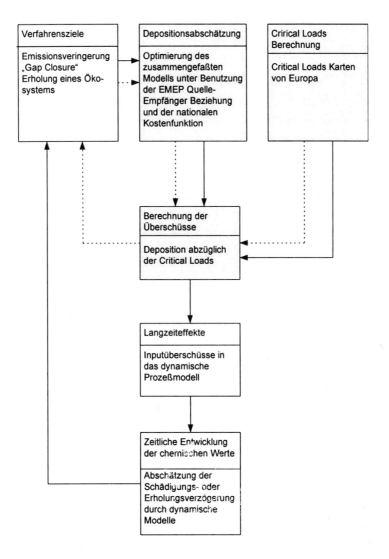

Abb. 1: Das Critical Load Konzept bestehend aus: (1) wiederholt benötigten Emissions-Verringerungen, um die Critical Loads und die Kosten zu erreichen (kurzer Kreislauf und gepunktete Linie) und (2) dem abgeschätzten Zeitraum bis zu einem Ökosystem-Schaden (andauernder Critical Load Überschuß) oder einer Erholung (sobald die Überschreitung aufhört). Die Abschätzung des zeitlichen Verlaufs ist durch den langen Kreislauf dargestellt. Quelle: CCE 1993

Es wird zuerst eine Zielvorgabe formuliert, um wieviel z.B. die aktuelle Überschreitung über dem Critical Load - also dem gerade noch tolerierbaren Schwellenwert - liegt und wieviel Prozent davon "geschlossen" ("gap closure") also reduziert werden sollen. Dabei wird hier, wie bei sonstigen Grenzwertsetzungen auch, politisch entschieden. Im Falle der Luftschadstoffreduktionen für Schwefeldioxid und Stickstoffverbindungen wird eine Überschreitung der wissenschaftlich begründeten Schwellenwerte je nach politischer Einigung zwischen 10 und 40% zugelassen. Daraufhin werden europäische Minimumkosten für die 60 bis 90%ige Emissionsreduktion berechnet. Letztlich wird die verbleibende Überschreitung als Ausmaß der national zu schützenden Ökosysteme und deren Flächenausdehnung angegeben, d.h. als Anteil der geschützten Ökosysteme in einem EMEP- (= Cooperative Programme for the Monitoring and Evaluation of Long-range Transmission of Air Pollutants in Europe) Raster von 150 x 150 km. Diese Prozedur kann bei geänderten Zielvorgaben wiederholt werden. Derzeit wird ganz klar in Kauf genommen, daß Überschreitungen verbleiben, und demzufolge die Notwendigkeit erwächst, die Wirkungen dieser Belastungen insbesondere auch in ihrem Zeithorizont näher zu beschreiben. Gleiches gilt für eventuelle Regenerationen derjenigen Regionen Europas, in denen die 60%ige gap closure eine Reduktion der Schadstoffeinträge bis unterhalb des Schwellenwertes (Critical Load) bedeutet. Dieser dynamische Teil der Berechnungen ist noch in der Erprobungsphase, und er ist auch bei der folgenden Aufgabenstellung nicht enthalten.

In dem vorliegenden Beispiel sollen grundlegende Herleitungen und Berechnungen von den als kritisch erachteten, tatsächlichen Schadstoffeintragsraten von Säuren und Stickstoff in einer stark belasteten Region vorgestellt und auf ihre Relevanz zum Waldschadensausmaß geprüft werden. Diese Schritte sind in Abb. 1 grau hinterlegt.

Aufgabenstellung

In Anlehnung an erste Vergleiche von Grenzwertüberschreitungen und Waldökosystemschädigungen in Nordostbayern (LENZ 1991, 1992; LENZ & SCHALL 1991) sollen im folgenden weitere Auswertungen für dieses Gebiet vorgestellt und diskutiert werden. Dabei werden die berechneten Überschreitungen den dort kartierten Waldbestandsauflösungen (Kronenverlichtungen und Absterben von Bäumen) gegenübergestellt. Abb. 2 veranschaulicht den Bilanzansatz und benennt diejenigen Parameter, die für das zu bilanzierende Gebiet herzuleiten, und im Geographischen Informationssystem zu modellieren sind.

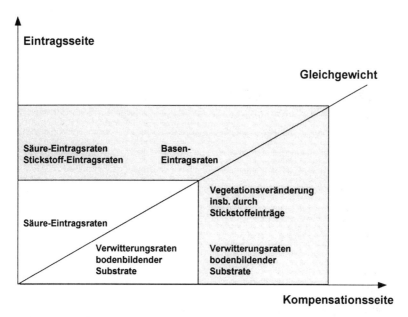

Abb. 2: Datenbedarf und Parametrisierung einfacher Gleichgewichtsansätze für kritische Schadstoffeinträge

Es existieren zwei Ansätze zur Berechnung von Überschreitungen der Critical Loads für Säuren und Stickstoff. Diese Ansätze unterscheiden sich durch verschiedene Ansprüche an die Eingangsdaten und die Parameterisierung der Modelle. Der erste Ansatz der Critical Loads (z.B. NILSSON & GRENNFELT

1988, SCHULZE et al. 1989) setzt den Schwellenwert gleich der Verwitterungsrate. Damit berechnet sich die Belastung aus der Differenz von Eintragsrate (für Säuren) und Critical Load (= Verwitterungsrate), und kann z.B. als Überschreitungsklassen in 1 kmol-Stufen (von 1 bis 4) angegeben werden. Der zweite Ansatz basiert auf einer Gegenüberstellung von Vegetationsempfindlichkeit und Stickstoffeintrag. Dafür wurde in Anlehnung an NILSSON & GRENNFELT (1988) ein Grenzwert von 10 bis 15 kg N ha^{-1} a^{-1} für Wälder verwendet.

Die Ergebnisse dieser beiden Ansätze wurden für die höheren Lagen des Fichtelgebirges, wo ausgedehnte Waldsanierungsflächen mit klein- bis großflächigen Bestandesauflösungen mit ca. 3900 ha zu finden sind (KOCH 1986, STEPHAN 1990), verglichen. Daraus ergibt sich die Notwendigkeit, folgende drei thematische Karten im GIS zu erstellen, und zur Abschätzung der Überschreitungen von Grenzwerten zu überlagern:

- Eintragsraten von Säuren, Basen und Stickstoff
- Vegetationstypen, insb. Wälder und ihre Schädigung
- Verwitterungsrate der bodenbildenden Substrate.

Datensituation

Die hier vorgestellte Datenbasis besteht aus folgenden Grundlagen (vgl. BACHHUBER et al. 1989, LENZ 1991):

- Geologie (geologische Gruppen mit ähnlichem Chemismus und Mineralbestand)
- Realnutzung (Nutzungstypen wie z.B. Nadelwald, Mischwald usw.)
- Exposition (in 8 Expositionsklassen)
- Hangneigung (in 4 Neigungsstufen)
- Nebelhäufigkeit (Tage mit Nebel pro Jahr)
- Höhenlage

Nähere Informationen zu diesen Karten können durch Aktivieren der Schaltfläche oder in der Attributtabelle (im ArcView-Projekt) abgerufen werden.

Diese Grundlagenkarten werden im weiteren Verlauf (siehe folgendes Kapitel) miteinander kombiniert und anhand genau festgelegter Algorithmen zu neuen Karten aggregiert.

Handlungsanweisung

In dieser Lektion wird ein Informationssystem vorgestellt, das keine vom Benutzer durchzuführenden Operationen benötigt. Auch dieses Informationssystem wurde als Anwenderoberfläche für ArcView entwickelt. Nach Aktivieren der Lektion im ArcView-Menü erscheint eine Einführungsseite in Form eines Ablaufschemas, das aus drei thematischen Blöcken - Grundlagen, Zwischenergebnisse, Ergebnisse - mit verschiedenen Karten besteht. Das „Durchwandern" der Lektion von den Grundlagen bis zu den Ergebnissen erfolgt mit Hilfe unterschiedlicher Schaltflächen, die den Zugriff auf textliche Informationen oder die aufbereiteten Karten selbst ermöglichen.

Zur Darstellung der Texte muß in der linken Statusspalte der Einführungsseite das Wort „Textinformationen" hervorgehoben sein, ebenso wie das 'Hot-Link' Symbol der ArcView-Menuleiste. Dies ermöglicht das Aktivieren der 'i-' und '?'-Schaltflächen.

i-Schaltfläche: Nach dem Aktivieren erscheinen nähere Informationen zur jeweiligen thematischen Karte, wie z.B. Datenquelle, vorhandene Attribute, Codierung oder die genaue Rechenvorschrift, nach der eine Karte erstellt wurde. Das 'i' der Überschrift-Zeile gibt noch einmal eine kurze Definition der hier vorgestellten Ansätze.

?-Schaltfläche: Sie befindet sich an den Übergängen der thematischen Blöcke und gibt einen kurzen Überblick über erfolgte Arbeitsschritte im GIS sowie über ihren theoretischen Hintergrund.

Zur Darstellung der einzelnen Karten wird zunächst das Wort „Karteninformationen" der linken Statusspalte hervorgehoben. Mit dem 'Hot-Link' Symbol wird auf die stilisierte Karte geklickt. Die Schaltfläche (in Form einer stilisierten Karte) läßt diese dann am Bildschirm erscheinen. Dadurch sind auch die entsprechenden ArcView-Funktionen verfügbar, um z.B. Informationen zu den einzelnen Flächen abfragen zu können.

Ergebnisse und weitere Übungsvorschläge

Ergebnisse

Die jeweiligen Häufigkeiten der Critical Loads-Überschreitungen sind in Tabelle 1 (vgl. auch LENZ 1995, dort jedoch abweichende Klassifikation und kleinerer Gebietsausschnitt) dargestellt.

Überschrei-tungsklasse	Critical Loads für Säure			Critical Loads für Stickstoff		
	Bestandesauflösung			Bestandesauflösung		
	groß-flächig	klein-flächig	keine	groß-flächig	klein-flächig	keine
1	0,0 %	0,5 %	3,4 %	0,0 %	0,0 %	0,0 %
2	0,3 %	1,0 %	42,3 %	0,0 %	0,0 %	0,0 %
3	18,5 %	36,4 %	41,1 %	0,3 %	10,6 %	70,5 %
4	81,3 %	50,4 %	13,2 %	99,7 %	89,4 %	29,1 %

Tab. 1: Häufigkeiten errechneter Überschreitungsklassen der Critical Loads im Vergleich zu Waldschäden (in Form von Bestandesauflösungen) in höheren Lagen des Fichtelgebirges

Erläuterungen

Critical Loads für Säure: Der einfache Bilanzansatz zur Berechnung der Überschreitungsklassen bildet die Differenz (in 1 kmol-Stufen) zwischen Verwitterungsrate und Gesamtsäuredeposition. In dieser Anwendung wurde die Verwitterungsrate aus dem Mineralbestand des Ausgangsmaterials sowie der Gründigkeit abgeleitet. Die Depositionsraten ergeben sich aus Meßwerten der

Freilanddeposition, die mit Anreicherungsfaktoren (siehe Handlungsanweisung) multipliziert wurden (siehe dazu LENZ 1991).

Critical Loads für Stickstoff: Bei diesem Ansatz wurde die Gesamtstickstoffdeposition mit dem empirischen Schwellenwert von 13 kg N ha^{-1} a^{-1} für Vegetationsveränderungen in Nadelwaldbeständen verglichen sowie die Überschreitungen in Klassen von je 13 kg N ha^{-1} a^{-1} eingeteilt.

Beide Berechnungen ergeben ähnliche Tendenzen, daß nämlich höhere Überschreitungsklassen mit stärkeren Bestandsauflösungen verbunden sind. Beim Stickstoff liegen die als ungeschädigt zu bezeichnenden Waldökosysteme bereits in der Überschußklasse 3. Vergleiche einzelner Schadfaktoren (z.B. SO$_2$-Konzentrationen) mit festgestellten Schäden im Untersuchungsgebiet haben gezeigt, daß diese Einzelfaktoren zwar unterhalb der Critical Level (sich also gem. der Definition nicht toxisch verhalten dürften), aber die Einträge von Säuren und Stickstoff über den Critical Loads für diese Ökosystemtypen liegen. Bei diesen berechneten hohen Überschreitungsklassen muß, der Hypothese nach, erwartet werden, daß diese Ökosysteme im Sinne einer Retrogression (also einer nach rückwärts gerichteten Sukzession) verändert werden und letztlich Nährstoffungleichgewichte sowie Bestands- und Baumschäden, Aluminium- sowie Nitrataustäge ins Grundwasser auftreten müßten. Letzteres wird z.B. aus Untersuchungen des BAYERISCHEN LANDESAMTES FÜR WASSERWIRTSCHAFT (1994) bestätigt.

Daraus ergibt sich, daß Überschreitungen der Critical Loads mit (echten) Waldökosystemschäden in einen plausiblen Zusammenhang gestellt werden können, wenngleich die Säurewirkung von der eutrophierenden Wirkung des Stickstoffs nicht exakt getrennt werden kann.

Vorschläge

In bereits seit längerem stark belasteten Regionen sind - wie es das Critical Loads Konzept vorhersagt - tatsächlich Indizienbeweise für Ökosystemschäden bei einem räumlichen Test dieser Modellansätze herausstellbar. Die Situation in der untersuchten Region ist zweifelsohne extrem, und direkte extrem, und direkte Baumschäden sowie andere Faktoren, wie z.B. historisch bedingte Walddegradationen durch Nutzungen (LENZ et al. 1994) wirken hier mit den hohen Schadstoffeinträgen sicherlich zusammen. In weniger belasteten Gebieten ist es wegen der Langfristigkeit der Prognosen wesentlich schwieriger, Schäden vorherzusagen. Die Warnung, Critical Loads nicht zu überschreiten, sollte jedoch ernst genommen werden, selbst wenn hier Schäden oder Veränderungen in überschaubaren Zeiträumen kaum beweisbar sein werden.

Für Nordostbayern kann aus den Bilanzierungsrechnungen geschlossen werden, daß eine Schadstoffreduktion von 75 bis 85% gegenüber dem Jahr 1990 notwendig ist, um die Critical Loads nicht zu überschreiten.

Eine genauere Betrachtung der postulierten und beobachteten Waldökosystemveränderungen und abgeleiteter Maßnahmenplanungen wäre erst durch eine dynamisch rückgekoppelte Simulation - eine entsprechende Datensituation vorausgesetzt - möglich, wie es in der Gesamtvorgehensweise nach Abb. 1 künftig auch vorgesehen ist. Technisch würde dies eine Kopplung von dynamischen Simulationsmodellen mit einem GIS bedeuten.

Literatur

BACHHUBER, R., LANG, R., LENZ, R., HABER, W. 1991: Dokumentation und Übergabe von Daten zur Hypothesensimulation zum Waldsterben an die Ökosystemforschungszentren Göttingen und Bayreuth. Berichte des Forschungszentrums Waldökosysteme Göttingen, Reihe B, Bd. 21: 234 S.

BAYERISCHES LANDESAMT FÜR WASSERWIRTSCHAFT (Hrsg.), 1994: Auswirkungen des Sauren Regens und des Waldsterbens auf das Grundwasser. Materialien Nr. 40, 387 S.

CCE (Coordination Center for Effects) 1993: Calculation and Mapping of Critical Loads in Europe. Statusreport 1993, RIVM, Bilthoven: 163 S.

KOCH, H. 1986: Intensivierung durch Sanierungs- und Waldverjüngungsmaßnahmen im Fichtelgebirge. Allgemeine Forstzeitung, 41: 377-381.

LENZ, R. 1991: Charakteristika und Belastungen von Waldökosystemen NO-Bayerns - eine landschaftsökologische Bewertung auf stoffhaushaltlicher Grundlage. Diss. an der Fakultät für Landwirtschaft und Gartenbau, TUM-Weihenstephan. Ber. Forschungszentrum Waldökosysteme Göttingen, Reihe A, Bd. 80: 200 S.

LENZ, R. 1992: Grenzwertkonzepte für Ökosystembelastungen am Beispiel der Wälder Nordost-Bayerns. Bayer. Landw. Jahrbuch 69 (Sonderheft 2): 173-189.

LENZ, R.J.M., 1995: Zur ökologischen und gesellschaftlichen Relevanz kritischer Stoffeintragsraten in Ökosysteme. Verh. der Gesellschaft für Ökologie 24.

LENZ, R., MÜLLER, A., ERHART, M., 1994: Veränderung der Säureneutralisierungskapazität nordostbayerischer Waldböden - eine regionale Belastungsanalyse stoffhaushaltlicher Prozesse seit dem 19. Jahrhundert. Forstarchiv 65 (5): 172-182.

LENZ, R., SCHALL, P. 1991: Belastungen in fichtendominierten Waldökosystemen. Risikokarten zu Schlüsselprozessen der neuartigen Waldschäden. Allgemeine Forstzeitung, 46: 756-761.

NILSSON, J., GRENNFELT, P. 1988: Critical Loads for sulphur and nitrogen. Milijörapport 1988: 15. Stockholm (Gotab): 418 S.

SCHULZE, E.-D., de VRIES, W., HAUHS, M., ROSEN, K., RASMUSEN, L., TAMM, C.-O. & NILSSON, J. 1989: Critical Loads for Nitrogen Deposition on Forest Ecosystems. Water, Air and Soil Pollution 48: 451-456.

SRU (Rat von Sachverständigen für Umweltfragen) 1994: Umweltgutachten 1994. Verlag Metzler-Pöschel, Stuttgart: 379 S.

STEPHAN, K. 1990: Praktische Erfahrungen bei der Verwirklichung des Waldsanierungsprogramms Fichtelgebirge. Allgemeine Forstzeitung, 45 (H3): 70-72.

Vorankündigung

Praktischer Einsatz von Geoinformationssystemen

Die meisten planerischen und strategischen Entscheidungen im wirtschaftlichen und kommunalen Bereich sind heute nur noch unter Einbeziehung einer Fülle von raumbezogenen Daten befriedigend lösbar.

Geo-Informations-Systeme (GIS) sind kostengünstige Dokumentations- und Planungswerkzeuge. Ihre Eigenschaft, wachsende Datenmengen über die Ortskoordinate zu ordnen und nach Wunsch des Benutzers sinnvoll zu verknüpfen, erleichtert heute überall Arbeitsvorgänge und Entscheidungen. Kostspielige Planungszeiträume werden verkürzt, die Gefahr von Fehlentscheidungen vermindert, da vorgesehene Maßnahmen in ihren Konsequenzen modelliert und Fehlentwicklungen rascher erkannt werden können. GIS wird daher zum Strategieinstrument, nicht nur der Privatwirtschaft, sondern auch der öffentlichen Verwaltung im Standortwettbewerb und in der Zukunftsvorsorge.

Dieses Medienpaket bietet eine Einführung in den Gebrauch von Geoinformationssystemen anhand einfacher Beispiele, die mittels beigefügter Software auf CD-ROM online bearbeitet werden können.

Unter Einsatz der Software, die dem Buch beiliegt, sowie konkreter Anwendungsbeispiele wird der Nutzer angeleitet, erste Erfahrungen mit der Handhabung von Geoinformationssystemen zu sammeln. Die Vielzahl von Einsatzgebieten zeigt sich in den leicht verständlichen Fallstudien. Als Hardware ist ein PC (486) mit CD-ROM-Laufwerk ausreichend.

FAX-BESTELLCOUPON

Bitte liefern Sie mir/uns durch:

☐ Expl. Wiesel
Praktischer Einsatz von Geoinformationssystemen
GIS-Arbeitsbuch
1997. Ca. 240 Seiten,
1 CD-ROM. Broschiert.
DM 98,–/ öS 715,–/ sFr 93,–
ISBN 3-87907-280-9

☐ Bestellunterlagen zur Software
ArcView

H. Wichmann Verlag,
Hüthig GmbH
Im Weiher 10, D-69121 Heidelberg
Tel. 06221/489-493, Fax 06221/489-443
Internet http://www.huethig.de

Name

Straße/Postfach

PLZ/Ort

Datum

Unterschrift

On-line-Fernerkundung

für Klimabeobachtung, Umweltüberwachung, Regionalplanung, Kartographie, Universität, Schule

mit CD-ROM

Informationen aus der Erderkundung per Satellit gewinnen zunehmend an Bedeutung bei der Analyse von Klima und Umwelt, aber auch bei der Regionalplanung und Landnutzungskartierung.

Die Fernerkundungsdaten sind jetzt mit Hilfe des vorliegenden Medienpakets bequem für jeden verfügbar. Es liefert praxisbezogene Anleitungen für den Zugriff auf solche Daten über öffentliche Netzwerke.

Die beiliegende CD-ROM enthält digitale Originalbilder verschiedener Satellitentypen sowie Software für den On-line-Zugriff auf Fernerkundungsdaten. Das Medienpaket eignet sich besonders für Anwender aus den Bereichen Umwelt und Planung in Behörden, Industrie und Wissenschaft, ist aber auch für den Einsatz in der schulischen und universitären Ausbildung zu empfehlen.

FAX-BESTELLCOUPON

Bitte liefern Sie mir/uns durch:

☐ Expl.
Lotz-Iwen/Göbel/Markwitz
ISIS – Fernerkundung für jedermann
1995. X, 152 Seiten,
1 CD-ROM. 56 Abb.,
12 Tab. Broschiert
DM 49,–/ öS 358,–/ sFr 49,–
ISBN 3-87907-286-8

☐ Kostenloses Literaturverzeichnis

Name _____

Straße/Postfach _____

PLZ/Ort _____

Datum _____

Unterschrift _____

**H. Wichmann Verlag,
Hüthig GmbH**
Im Weiher 10, D-69121 Heidelberg
Tel. 06221/489-493, Fax 06221/489-443
Internet http://www.huethig.de

Grundlagen der Geo-Informationssysteme

NEU

Der bereits lange angekündigte zweite Band ist da! Er widmet sich den Anwendungen von Geo-Informationssystemen (GIS).

Hierzu wird das nötige theoretische und algorithmische Basiswissen über die gängigen Analysemethoden wie Flächenverschneidung, Netzwerkanalyse und Interpolation vorgestellt. Weitere Analyseverfahren wie das Digitale Geländemodell, die Standortplanung, die Fernerkundung u.a. werden ausführlich behandelt.

Neuere Bemühungen und Konzepte zum Einsatz der GIS-Technologie in der öffentlichen Verwaltung werden ebenfalls aufgenommen.
Den Abschluß des zweiten Bandes bildet ein Ausblick auf neue Entwicklungen wie z.B. objektorientierte Datenbanken, Multimediasysteme, künstliche Intelligenz, und deren Einfluß auf Geo-Informationssysteme.

Beide Bände sind unentbehrliche Grundlagenwerke für Studierende, Praktiker und Wissenschaftler in den Fächern Vermessungswesen, Geographie, Geologie, Ökologie, Umweltplanung, Architektur, Sozialwissenschaften und Informatik.

Band 1: Bill/Fritsch
Grundlagen der Geo-Informationssysteme
Band 1: Hardware, Software und Daten
2. Aufl. 1994. 415 Seiten, Zahlr., teils farbige Abb. Gebunden. DM 68,–/ öS 496,–/ sFr 68,–
ISBN 3-87907-265-5

FAX-BESTELLCOUPON

Bitte liefern Sie mir/uns durch:

☐ Expl. Bill **Grundlagen der Geo-Informationssysteme**
Band 2: Analysen, Anwendungen und neue Entwicklungen
1996. XIV, 463 Seiten, Zahlr., teils farbige Abb. Gebunden.
DM 78,–/ öS 569,–/ sFr 74,–
ISBN 3-87907-228-0

☐ Expl. Bill/Fritsch **Grundlagen der Geo-Informationssysteme**
Band 1 DM 68,-

**H. Wichmann Verlag,
Hüthig GmbH**
Im Weiher 10, D-69121 Heidelberg
Tel. 06221/489-493, Fax 06221/489-443
Internet http://www.huethig.de

Name

Straße/Postfach

PLZ/Ort

Datum

Unterschrift

GIS von ESRI

Bestellschein

Absender

ESRI Gesellschaft für
Systemforschung und
Umweltplanung mbH
Ringstraße 7

D-85402 Kranzberg

Firma, Name

Straße

Land   PLZ   Ort

Telefon   Telefax

Ort, Datum   Unterschrift (für die Bestellung)

Hiermit bestelle ich verbindlich folgende Software:

Anzahl	Software	Preis/Lizenz	Preis gesamt
	• Windows/NT, deutsche Version		
	ArcView 3.0 + Avenue, deutsche Einzellizenz	2.950,- DM	
	• Windows/NT Extensions		
	Spatial Analyst	5.400,- DM	
	Network Analyst	3.500,- DM	
	• Macintosh, englische Version		
	ArcView 3.0 + Avenue, englische Einzellizenz	2.600,- DM	
	• Unix, engl. Version		
	ArcView 3.0 + Avenue, englische Einzellizenz	5.200,- DM	
	• Unix Extensions		
	Spatial Analyst	8.100,- DM	
	Network Analyst	5.400,- DM	
	• Updateprogramm für ArcView 2.1 auf 3.0		
	Windows oder NT, deutsche Version	750,- DM	
	Macintosh, englische Version	650,- DM	
	Unix, englische Version	930,- DM	
	• Supportprogramm für ArcView (3.0) für 1 Jahr nach den 60 Tagen Standard Software Support		
	Grundsupport ArcView	295,- DM	
	Erweiterter Support für ArcView, Avenue, Spatial Analyst, Network Analyst	995,- DM	

Hochschulkonditionen auf Anfrage. Alle Angaben verstehen sich zzgl. der gesetzlichen Mehrwertsteuer und Versandkosten. Änderungen vorbehalten. Es gelten unsere Allgemeinen Geschäftsbedingungen. Stand: August 1996.

Gesellschaft für Systemforschung und Umweltplanung mbH
Ringstraße 7 • 85402 Kranzberg • Tel. +49-(0)8166-38 0 • Fax +49-(0)8166-38 38

GIS von ESRI

Das neue Desktop-GIS
ArcView 3.0

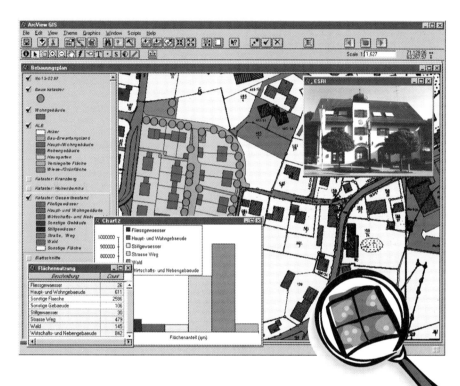

- Das **innovative** GIS-Produkt von ESRI jetzt mit erweiterter Funktionalität
- Effizienzsteigerung durch räumliche Analysen
- **Neu - ArcView Extensions:**
  Spatial Analyst ermöglicht vielfältige raumbezogene Analysen auf der GRID-Datenstruktur
  Network Analyst ermöglicht die Analyse von Netzwerken zur Berechnung von optimalen Wegen, zur Tourenplanung und anderen Verteilungsfunktionen

Gesellschaft für Systemforschung und Umweltplanung mbH
Ringstraße 7 • 85402 Kranzberg • Tel. +49-(0)8166-38 0 • Fax +49-(0)8166-38 38

Installationshinweise für die CD zum GIS-Arbeitsbuch

Technische Voraussetzungen

Der ArcView Publisher und die Lektionen können auf jedem Intel®-basierenden PC unter Microsoft® Windows® 3.1, Windows for Workgroups, Windows 95 or Windows NT installiert werden. Die technischen Mindestvoraussetzungen sind:

1. PC mit 80386 oder höherwertigen Prozessor, mit Windows Version 3.1 oder höher im erweiterten Modus.
2. Mindestens 8 MB RAM Arbeitsspeicher (12 MB RAM empfohlen) und 17 MB „virtual memory".
3. Während des Setup werden etwa 700 K an temporären Files auf die Festplatte geschrieben. Für das Programm benötigen Sie etwa ein weiteres MB an Plattenplatz.
4. Für das Setup müssen die True Type™ fonts „enabled" sein.

Bearbeitung der Lektionen von Festplatte oder von CD?

Für die Bearbeitung der Lektionen sind 250 MB an GIS-Daten auf der CD gepreßt. Ideal, weil bei der Bearbeitung etwa doppelt so schnell, wäre es wenn Sie genügend Platz auf Ihrer Festplatte hätten um bei der Installation alle Daten herunter kopieren können. Je nach Geschwindigkeit Ihrer Festplatte dauert die komplette, selbständig ablaufende Installation aller Lektionen auf Ihrer Platte bis zu 20 Minuten.

Sollten Sie weniger Festplattenplatz zur Verfügung haben, können Sie mit der Installationsroutine die Lektionen auch einzeln, oder in Gruppen, auf die Festplatte kopieren. Sie können die Daten der Lektionen aber auch nur von der CD aus aufrufen.

Installation unter Windows 3.1

Überprüfen Sie vorab, ob das Paket „WIN32S" mit der Version 1.25 oder höher auf Ihrem PC installiert ist. Die Angabe der Versionsnummer finden Sie unter

„C:\WINDOWS\SYSTEM\WIN32S.INI".

Falls diese Datei nicht existiert oder die Versionsnummer niedriger ist als 1.25, installieren Sie WIN32S von der CD des Arbeitsbuches. Wählen Sie hierfür im Datei-Manager das CDROM-Laufwerk aus und führen einen Doppelklick auf die Datei „\WIN32S\SETUP.EXE" aus.

1. Vom Datei-Manager wählen Sie das Laufwerk des CDROMS und klicken doppelt auf die Datei „\SETUP.EXE".
2. Führen Sie nun die Installationsschritte nach Aufforderung vom Bildschirm aus.
3. Die installierten Komponenten finden Sie in der Programmgruppe „GIS-Arbeitsbuch". Sie können nun jeweils eine Lektion mit Doppelklick starten.

Installation unter Windows 95

1. Wählen Sie die Menüoption „Start/Einstellung/Systemsteuerung" und klicken Sie auf „Software/Installieren".
2. Führen Sie nun die Installationsschritte nach Aufforderung vom Bildschirm aus.
3. Die installierten Komponenten finden Sie in der Programmgruppe „GIS-Arbeitsbuch". Sie können nun jeweils eine Lektion mit Doppelklick starten.

Installation unter Windows NT

1. Starten Sie als „Administrator" den Datei-Manager, wählen Sie das Laufwerk des CDROMS und klicken doppelt auf die Datei „\SETUP.EXE".
2. Führen Sie nun die Installationsschritte nach Aufforderung vom Bildschirm aus. Die installierten Komponenten finden Sie in der Programmgruppe „GIS-Arbeitsbuch". Sie können nun jeweils eine Lektion mit Doppelklick starten.

Allgemeine Hinweise

Mit dem Aufruf einer Lektion wird auch jeweils das Programm geladen. Geben Sie Ihrem Rechner für beide Arbeitsvorgänge etwas Zeit, in beiden Fällen hat er große Dateien zu bearbeiten.

Machen Sie sich mit den Möglichkeiten des ArcView Publishers etwas vertraut. Nehmen Sie sich etwas Zeit die Logik des Programmes und der einzelnen Lektionen zu verstehen. Neben den Texthinweisen helfen hierbei die vielen Grafiken im Buch. Sie haben ein mächtiges Werkzeug und umfangreiches Kartenmaterial, das Sie erforschen können.

Entfernen von Programmteilen

Mit dem Aufruf von „UnInstallShield" können Sie jeweils die zuletzt installierten Lektionen löschen. Es empfiehlt sich daher vor der Installation von zusätzlichen Lektionen alle alten mit dessen Hilfe vorerst zu löschen.

Hilfestellungen

Unser Arbeitsbuch verlangt Ihrem Rechner viel ab. Sollte an Ihrem Rechner ein Problem auftreten, versuchen Sie den jeweiligen Arbeitsschritt bitte zunächst noch einmal. Manche Windows-Fehlermeldungen sind nur Hinweise und haben nach der Bestätigung keinen Einfluß auf die Bearbeitung der Lektionen. Sollte es Ihnen trotz wiederholtem Versuch und Hinzuziehung der umfangreichen ArcView Online Hilfe nicht gelingen eine Lektion zu bearbeiten, faxen Sie uns bitte Ihr Problem an Prof. Erich Buhmann 03471/35 52 51. Wir werden Ihnen gerne einen Lösungsweg nennen.